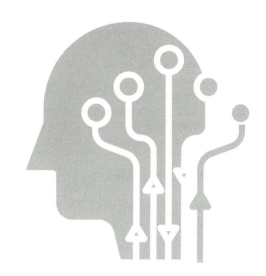

【比】大卫·德克莱默（David De Cremer）著

赵倩 译

算法同事

人工智能时代的领导学

中国科学技术出版社

·北 京·

图书在版编目（CIP）数据

算法同事：人工智能时代的领导学 /（比）大卫·
德克莱默著；赵倩译 . —北京：中国科学技术出版社，
2021.11
书名原文：Leadership by Algorithm
ISBN 978-7-5046-9272-6
Ⅰ . ①算⋯ Ⅱ . ①大⋯ ②赵⋯ Ⅲ . ①人工智能—应
用—领导学 Ⅳ . ① C933-49
中国版本图书馆 CIP 数据核字 (2021) 第 209501 号

策划编辑	申永刚　陆存月	责任编辑	申永刚
封面设计	马筱琨	版式设计	蚂蚁设计
责任校对	焦　宁	责任印制	李晓霖

出　　版	中国科学技术出版社	
发　　行	中国科学技术出版社有限公司发行部	
地　　址	北京市海淀区中关村南大街 16 号	
邮　　编	100081	
发行电话	010-62173865	
传　　真	010-62173081	
网　　址	http://www.cspbooks.com.cn	

开　　本	880mm×1230mm　1/32	
字　　数	160 千字	
印　　张	8	
版　　次	2021 年 11 月第 1 版	
印　　次	2021 年 11 月第 1 次印刷	
印　　刷	北京盛通印刷股份有限公司	
书　　号	ISBN 978-7-5046-9272-6/C·183	
定　　价	79.00 元	

人人都在讨论人工智能，却没有人告诉我们，人工智能将如何影响企业管理……现在，大卫·德克莱默做到了。作为该领域的杰出专家，他用本书告诉我们算法如何改变领导，机器不可能取代当中的哪些部分——在我读过的相关书籍中，本书的内容最为丰富。

亚当·格兰特（Adam Grant），《纽约时报》畅销书榜上榜作品《离经叛道》与《给予和收获》作者，TED演讲榜榜首节目"职场人生"主持人

你的下一任老板会不会是机器人？如果你尚未思考过人工智能的未来，那么现在，全球三十位最有影响的管理专家之一——大卫·德克莱默在这本精彩的著作《算法同事——人工智能时代的领导学》中替你完成了。现在就请来读一读你的未来吧。

詹姆斯·布拉德利（James Bradley），《父辈的旗帜》作者，该书曾三次名列《纽约时报》畅销书排行榜榜首

大卫·德克莱默是企业文化的顶级大师。在本书中，他就人工智能时代的领导学提出了独特的见解。这本好书请你千万不要错过！

亚历山德罗斯·帕帕斯皮里迪斯（Alexandros Papaspyridis），
微软亚太及日本高等教育项目主管

技术革命早已经开始，而我们现在需要的是领导力与企业的革命。大卫·德克莱默从专业的角度，为我们描绘了这场革命的发生与发展。

斯图尔特·克雷纳（Stuart Crainer），
Thinkers50（全球思想家50人）联合创始人

如果你想了解人工智能时代的企业运转方式及其所需要的领导模式，那你一定要读一读本书，绝对发人深省！

梁建章，携程网联合创始人、董事长、前首席执行官

《算法同事——人工智能时代的领导学》紧跟时代，内容新颖，充满智慧，令人耳目一新。它讨论了人类与机器的合作，为未来的企业管理指明了方向，令人茅塞顿开。未来所有企业的领导者都应该读一读这本书。

弗朗西斯科·维罗索（Francisco Veloso），
帝国理工学院商学院院长

本书内容深刻，发人深省。随着科技逐渐成为世界的驱动力，本书应当成为所有领导者的必备读物。

梅拉妮·理查兹（Melanie Richards），毕马威（英国）副主席

随着人工智能逐渐被应用到生活的方方面面，大卫·德克莱默博士的著作《算法同事——人工智能时代的领导学》应当成为我们的必读书籍。他那精辟的分析与发人深省的观点，能为读者提供全新的视角和认识，帮助我们掌握应对这场伟大革命的重要武器。这是一部杰出的作品。

关耀光（Yeow-Kwang Guan），瑞穗银行新加坡分行首席执行官

《算法同事——人工智能时代的领导学》一书探索了人工智能为企业的领导与管理带来的变革，它大胆预测了未来企业领导力的性质和作用，这将从根本上改变你的思路，让你重新思考算法在企业中即将扮演和应当扮演的角色。这是一本见解深刻的著作！

伯特·德·雷克（Bert De Reyck），英国伦敦大学学院管理学院院长

《算法同事——人工智能时代的领导学》紧跟时事热点，为我们重新定义了未来十年的领导力。

彼得·汉森（Peter Hinssen），企业家，《新常态》作者

大卫·德克莱默以清晰明了的方式，阐述了人工智能和算法在企业中的重要作用——在企业和社会的运作中扮演着越来越重要的角色。正如本书所说，真正的领导者需要深入思考相关的机遇和风险，并以高明的智慧手段加以应对。

康仕学（Robert Koepp），Geoeconomix创始人，

前《经济学人》企业集团总监

商业世界瞬息万变，因此当今企业要利用人工智能系统来提升人类智能。但是具体该怎么做呢？在《算法同事——人工智能时代的领导学》一书中，大卫·德克莱默提出了这个问题，并讨论了如何使用算法帮助企业取胜，为读者提供了一种全新的思路。强烈推荐！

亚历克斯·申克（Alex Schenk），

诺华商务服务首席财务报告与会计运营官

在这个科技飞速发展的时代，人工智能将开辟出一条崭新的道路，但优秀的领导者是充分发挥其潜力的关键。《算法同事——人工智能时代的领导学》一书为我们该如何抓住这一机遇提供了强有力的见解。

林珊珊（Sun Sun Lim），

新加坡科技设计大学人文、艺术与社会科学学院院长，教授

和长期争论的效率与平等问题一样，人工智能的快速发展也带来了一些问题：为了追求效率最大化而降低社会中人的作用，这是否可行？而《算法同事——人工智能时代的领导学》一书是以它能有效改善人类的生存状况认可人工智能的价值，而这才是这项技术最初的目的！

沈韬，中恒星光投资集团首席投资官

致汉娜：

愿她在一个几乎全自动化的未来

拥有真实的人生

目 录
CONTENTS

　　我坐在一张圆桌旁，听主持人介绍与会者。大厅里摆满了这样的圆桌，与会者身着得体的西装和礼服围桌而坐。在向邻座自我介绍之后，我坐了下来，环顾四周，好让自己熟悉这个环境。

　　那是一个星期四的晚上七点，作为一个前几年才拿到博士学位的年轻学者，我正身处一场盛大的商业活动中。同事邀请我参加该活动时，我还犹豫是否要参加，因为不知道这跟我的研究有何关系，也担心我跟这些企业高管是否有共同语言。同事费了一番口舌，终于将我说服，于是我就坐在了这里。为了充分利用这次机会，我开始和邻座攀谈。

　　邻座是一位雄心勃勃的年轻人，感觉无所不知。他刚被提拔到领导层，深谙成功之道，显然，他是那种知道自己在做什么的人。他急切地想跟别人讲述自己的成就，并且坚信只有突破极限，才能得到自己想要的东西。于是，我饶有兴致地听他说话。

　　听了一会儿后，我提出了一个同桌的人肯定觉得非常幼稚的问题。我问他，如果人人都在不断挑战极限，这样的商业社会还能维持下去吗？难道不会出现问题吗？会不会破坏甚至摧毁已经建立起来的系统？

正如我所料，他听了我的问题后非常惊讶，一瞬间不知道该如何回答我的问题。但他很快冷静了下来，直截了当地说："你说的这些情况永远不会发生。"他相信，如果我们的行为对企业或者社会构成威胁，科技一定能解决这个问题。在他看来，科技能让我们突破人类极限，帮助我们应对任何挑战。

听了他的回答之后，我又问了他另一个问题：你如此信任科技的超能力，是否会导致你过度依赖科技？从长远来看，你自己不就变成多余的了吗？他难以置信地看着我，然后笑着说不必担心，因为绝对不可能出现这种问题。然后，他将脸转向了另一边，我知道我们的交谈结束了。

作为一位年轻学者，同时身为人类，那场谈话给我留下了深刻印象，在我的脑海中萦绕多年，但最后还是逐渐被遗忘了。直到几年前，我开始研究科技发展下的存在主义问题，这段经历才重新浮现在脑海中。而且这一次，我还有了另外两个问题。

第一，宴席上的那位朋友似乎没有意识到他的行为会产生问题，而这些问题只有在科技取得长足发展的情况下才能得到解决，这是为什么？第二，他坚信技术可以解决一切问题，以让他稳坐现在的位子，这种自信从何而来？

这两个问题都很重要，但最让我感兴趣的是，竟然有人这么信任技术创新。我不禁好奇，当技术能显著影响我们的生活时，等待我们的将是一个怎样的未来。那是一种什么样的技术？会给我们带来什么样的影响？

你可能已经意识到，在我们这个时代就有这么一项技术，它正以强大的冲力撞击着我们所有人的大门，即将在人类社会中占据一席之地。我说的是什么？没错，正是人工智能。

今天的人工智能简直太酷了！这个领域的点滴进步都让众人交口称赞，认为那是了不起的成就。人工智能的影响也随着这些成就日益显著，不容忽视。的确，人工智能向我们传递了一个信号：世界即将发生根本性的改变。

从某种意义上说，人工智能的快速发展和广泛应用，让我们窥探到一个将以完全不同的方式运作的未来社会。随着人工智能的出现，我们可以看到，这样的未来就在前方，我们必须马上行动起来。人工智能是一种极具颠覆性的技术创新，如果你现在还不改变工作方式并接纳、利用它，那么你很可能就没有未来。

尽管这听起来危言耸听，但我们确实要认真对待未来。根据摩尔定律——计算机处理器的性能每两年会翻一番，这也意味着我们将在未来十年见证生活方式和工作方式的巨大变革。就像我遇到那位雄心勃勃的高管时一样，这一切让我对那个技术驱动的未来十分好奇。我认为，人工智能就像一台时间机器，帮助我们有可能看到未来，但此刻它还有待完善。这是一个有趣的想法。

为什么这么说呢？

如果把人工智能看作一种能让我们窥视未来的时间机器，我们就应该用它造福人类，谨慎地对待人工智能的设计、开发和应用。因为当未来来临时，我们或许不会遗忘过去，但过去终将一去不复返。

在今天这个时代，我们还可以左右技术。为什么这么说？为了回答这个问题，我想用网飞（Netflix）上我非常喜欢的一部连续剧——《穿越时间线》（*Timeless*）来说明。这部连续剧讲述了一队人的冒险经历，他们想阻止一个叫"里滕豪斯"的神秘组织利用时间机器改变历史。

这部连续剧第一集讲述的故事就与本书讨论的问题相类似。在剧中，主角之一的历史学教授露西·普雷斯顿认识了时间机器的发明者康纳·梅森。梅森告诉普雷斯顿和她的同伴，有人控制了一个叫作"救生船"的时间机器，并且回到了过去。他的语气十分笃定，确信"历史将被改变"。当时在座的每个人都知道事关重大，并且他们意识到这将给世界、社会以及他们自己的生活带来不可知的后果。

露西·普雷斯顿激动地质问康纳·梅森为什么如此愚蠢，要发明这么危险的东西，并疑惑为什么新技术的出现会给人类造成如此严重的伤害（即改变他们自己的历史）。梅森的回答简单明了：他没想到会发生这样的事。其实，重大的技术革新不都是这样吗？我们被无数的机遇蒙蔽，分秒必争，只关注技术可以做什么，却看不到技术的肆意革新给人类带来的伤害。

人工智能也是这样吗？如果社会变得智能化和自动化，那么我们能否充分认识到它对人类的影响？为了开发一种能在方方面面超越真实人类智能的类人智能，我们是不是过于投入了？这么做是不是没有充分考虑到人工智能的发展与应用所带来的风险？

和所有的重大变革一样，这一场变革也是利弊皆有。不久前，我参加了一场关于智慧社会发展前景的辩论。

起初，辩论的重点在于人工智能将节约成本并提高效率，气氛非常融洽。但是后来，当有观众提问我们是否应该更严格地评估人工智能对人类的作用，而不是最大限度地发挥技术本身的能力时，一位发言者高声回应说，人工智能一定要解决人类的问题（如气候变化、人口规模、粮食短缺等），但我们不应该因为预见了它对人类的影响，而放慢其发展速度。可想而知，这使得辩论突然变得异常激烈，现场迅速出现了两个阵营。一方认为，重点是通过逐底竞争，尽快实现人工智能的能力最大化（从而削弱它对人类造成的长期后果）；另一方则认为，人工智能在追求技术应用最大化的同时，必须承担社会责任。

孰对孰错？在我看来，这两种观点都有道理。一方面，我们确实希望拥有最好的技术，并最大限度地提高其效用；另一方面，我们也想确保正在开发的技术可以服务于人类生活，而不是对人类生活构成威胁。

那么，我们该如何摆脱这个困境？

在本书中，我会深入探讨这个问题，讨论其对团队、机构和企业运营方式的影响，以及我们必须做出的选择。我认为，要解决算法[①]的开发及其日常使用的问题，我们必须就技术开发本身的目的达成一致。人工智能为人类服务的目的是什么？这个目的又将如何影响其发展？我们只有搞清楚这些问题，才有可能避免一直以来我所担忧的两个后果变成现实。

第一，人工智能技术的迅速发展，可能导致人的特性逐渐消失，使人性化的社会不复存在，我们都不愿冒这样的风险。就像康纳·梅森的时间机器能改变人类历史一样，如果我们盲目地发展人工智能，不考虑其给人类带来的后果，未来我们可能也会面临同样的风险。

第二，我们不断挑战技术进步的极限，目的是提高自身能力，从而构建更加人性化的社会（至少不能降低人性化程度）。从这个角度来说，发展人工智能不是为了解决我们所制造的烂摊子，它只是创造

---

① 本书所提到的算法特指人工智能算法。——编者注

机会来改善人类的生存环境。按照我年轻时遇到的那位高管的观点，技术的发展是为了解决我们制造的麻烦，那么原本以最大限度提高效率、减少失误为唯一目的的人工智能，将无法提高人的能力，反而会降低人本身存在的意义。

综合这两种可能的结果，我意识到，我们投入如此巨大的成本来发展人工智能技术，但目的不应该是建立一个去人性化的社会，有效地消除错误和失败。因为，这样将导致人类失去自己在世界上的位置，取而代之的是另一种没有人类缺陷的智能。这样一来，我们的企业和社会最终将靠技术来运转，届时我们将如何在社会上立足呢？

人类一方面渴望不断进步，另一方面又本能地需要公平与合作，因此，我将在本书中拆解两者之间的复杂关系，尝试解决前面提到的一系列问题。人类天生会对未知的领域充满好奇心，但风险也随之而来——到某个阶段，我们正在研发的技术可能会失控，最后我们不得不屈服于技术。

这会成为现实吗？人类会从属于全能机器吗？一些迹象表明，这的确有可能。我们以曾经夺得围棋世界冠军的韩国棋手李世石为例。围棋是一项相当复杂的游戏，很长时间以来，人们都认为机器不可能会下围棋。2016年，计算机程序"阿尔法围棋"（AlphaGO）以4∶1的战绩打败了李世石，彻底颠覆了人们以往的认知。这场失利让李世石对自己（人类）的能力产生了巨大的怀疑，导致他决意于2019年退役。连世界冠军都承认了失败，我们为什么不能设想一个由机器经营企业的未来呢？

为了回答这个问题，我要先讲一个前提：在一个人性化的社会中，我们所需要的领导力并非来自更先进的技术，相反，高明的领导者需要洞悉人性，深刻理解人的独特能力，即人可以设计出能得到合理应用（而不是单纯智能）的先进技术。

下面，就让我带你踏上旅程，看看今天人工智能在人类企业中到底做了什么；一个为每项任务开发算法的新时代能给我们带来什么；人工智能对未来企业的发展有什么影响；人类应对这种彻底转变的最好办法是什么。

时光机器已经准备就绪，但这一次的目的，是让我们进一步认识如何发展技术以造福人类。

第一章　走进新时代

　　1985年，马克·诺弗勒（Mark Knopfler）和他的乐队"恐怖海峡"发布了一首歌曲，歌中唱道："男孩动作到位，举止潇洒，成了业内行家。"歌里的男孩成为当时很多小孩幻想中的英雄。在21世纪，我们迎来了另一个英雄，但这个英雄并不是人。现在，我们赞赏的是算法在各行各业中的应用。

　　值得注意的是，人工智能并不是近几年才出现的新事物，事实上，人类第一次提出人工智能的概念是在1956年。当时美国新罕布什尔州的达特茅斯学院正在举行为期8周的达特茅斯人工智能夏季研究会议（Dartmouth Summer Research project on AI），参会人员有马文·明斯基（Marvin Minsky）、约翰·麦卡锡（John McCarthy）和纳撒尼尔·罗切斯特（Nathaniel Rochester），他们后来都被称为"人工智能之父"。

因此，到了20世纪下半叶，人们已经普遍相信，人工智能具有超能力。例如，诺贝尔经济学奖获得者赫伯特·西蒙（Herbert A. Simon）曾在1965年写道："不出20年，机器就可以做人能做的任何工作。"但研究者们未能实现这些美好的理想。从20世纪70年代开始，由于人工智能造价过高，且用过于形式化、自上而下的方法无法将其复制，人工智能项目因此受到社会猛烈的批评。因此，人工智能研究在一定程度上遭到"冻结"，停滞不前，直到现在！

过去10年，人工智能重新受到关注，主要是因为全世界都已觉醒：人们发现，机器可以进行深度学习，从而能比人类更加出色地完成许多任务。那么这种觉醒从何而来呢？——围棋。

2016年，由谷歌旗下的"深度思维"（DeepMind）所开发的程序"阿尔法围棋"，打败了人类世界的围棋冠军。很多人大为震惊，因为围棋非常复杂，一直被视为"人类称王"的领地，并认为人工智能不可能是对手。10年来，人们一直渴望全球互联，以便更快地完成任务，积累大量数据，所以这种深度学习的能力很快就被人们接受了。

因此，我们现在几乎迷上了人工智能和其为社会、企业及人类带来的福利。这种对人工智能的执着，再加上其应用的指数式增长，让人不禁担心，人类智能在生活的方方面面都可能面临着挑战。更准确地说，社会上出现了一种担忧，认为我们可能已经进入了一个由机器取代人类的时代。（这次是真的！）

但是，要解决人和人类智能所面临的挑战（很多人称之为威胁），我们需要先弄清楚，当我们在谈论人工智能时，我们谈论的具体是什么。本书不是人工智能的应用技术手册，也不是要教你如何成为一名程序员，但我认为，我们确实需要先简单了解人工智能的定义。

简单来说，我们可以将人工智能视为一个系统，利用技术使整个外部数据（在我们的社会和组织中随处可见）更加透明。数据更加透明，对数据的解析就会更加准确，我们从这些解析中学习，然后采取相应的行动，用更理想的方式实现目标。

目前，这项技术已经广为人知，并推动我们从数据中学习，这就是所谓的机器学习。正是机器学习创造了可用在数据上的算法，帮助我们理解数据的实际意义。算法是数学计算的脚本，将其应用在数据上，可以得出无法直接看到的新见解和新结论。具体来说，凭借算法，我们可以理解数据，从而做出更全面、更准确的预测和模型。算法能自主识别数据中的模式，这些模式表示潜在的原则和规律。

如你所见，在一个渴望不断发展和进步的社会中，算法是一种既实用又强大的工具。的确，算法在社会和生活中发挥着重要的作用，如同人一样，成为我们社会和工作生活的一部分。换言之，算法具有分析、处理和学习外部数据的能力，这说明它已经达到了能与外部（人类）世界互动与合作的水平。

算法在企业管理中的广泛应用

今天，如果你环顾四周，想看看何种东西能激发人们对未来的期待，你马上会发现，我们的新英雄（算法）正在迅速扩大其影响力，特别是在极有可能节省大量成本的领域。其中一个领域和我们的工作有关——算法逐渐成为企业管理的一部分。[1]虽然有人对这样的发展感到恐慌，但我们也有充分的理由证明，算法可用于解决各种各样的问题。[2]

让我们先看看它的经济效益。根据目前的估计，未来10年，人工智能在商业中的应用能使全球经济增长至少13万亿美元。普华永道（PwC）[①]的最新报告预测，随着人工智能在社会和各行各业中的广泛应用，到2030年，世界经济将增长15.7万亿美元。[3, 4]

我们凭什么认为人工智能对全球经济有如此巨大的贡献？主要依据在于，算法可能会影响企业的组织管理（在埃森哲[②]的调查中，56%的受访管理者持此观点），从而有利于营造一个更加有趣且高效的工作环境（在埃森哲的调查中，84%的受访管理者持此观点）。[5, 6]效率的提高可以保障经济的发展。实际上，全球各地的研究都表明，在

[①] 即普华永道会计师事务所，Pricewaterhouse Coopers，是世界上顶级的会计师事务所之一。——编者注

[②] 埃森哲（Accenture），是全球最大的上市咨询公司之一，为客户提供战略、咨询、数字、技术和运营服务及解决方案。——编者注

工作环境中应用算法，有助于企业进一步发挥潜力，创造更高的市场份额。[7, 8]

有人认为，这些数字表明，对于想提升工作质量和效率的企业来说，算法就像类固醇。然而，现如今的企业正在建立机器与人工智能，以及机器与人之间新的合作关系，这种合作关系的发展也会对人类产生重要影响。这项新技术能将企业的生产效率与质量提升到更高水平，其自主性也会稳步增强，从而使人类卸下部分工作。更重要的是，这种发展并非我们对未来的想象，它已经到来。人工智能正在快速发展，越来越多的机器已经具备了自主学习的能力。实际上，人工智能已经达到了一定的水平，可以自主行动和决策，而在过去，这些行为只能由人来完成。

如果真的如此，那么使用智能机器、实施机器学习算法，无疑会对人类工作任务的执行和体验产生重大影响。事实似乎就摆在那里，不可否认。如前所述，由谷歌旗下的"深度思维"所开发的自主人工智能打败了世界顶尖的围棋选手，我们还发现，阿里巴巴的算法在阅读和理解方面的基本技能已经超过了人类。[9]

如果机器能够掌握人类的基本技能，并具备学习能力，未来将会如何？也许各行各业的工作性质都会发生变化。在商业领域，自动化作业已经普及。例如，人们用算法来招募新员工，决定哪些员工可以升职，并用算法管理一系列行政工作。[10, 11, 12]

但是，企业不会仅仅为了招聘到最佳员工，就为复杂的算法买单。算法还有许多积极的用途，例如，摩根大通银行（JPMorgan Chase）利用算法追踪员工动向，判断员工是否遵循公司管理制度行事。[13]如此一来，企业也看到了算法在员工日常行为管理上的优势。

还有一个典型的例子，现在很多企业已经着手利用算法追踪员工的满意度，从而预测员工辞职的可能性。这种数据对任何企业都至关重要，能帮助企业提高管理效率，毕竟，人们都想尽可能地留住符合企业发展的人才。针对这一问题，美国国家经济研究局（US National Bureau of Economic Research）进行了一项有趣的研究，结果表明，用算法评估劳动者的就业能力后，从事服务行业的低技能劳动者（他们的留用率较低）的留用时间会延长15%。[14]

自动化与创新

自动化和与之对应的深度学习算法的应用，也逐渐渗透到其他行业中。法律领域也在广泛讨论是否要将服务自动化以及如何使服务自动化。法律顾问已经开始用自动化顾问程序，对停车罚单等相对较小的罚款提出异议。

同时，人们也在考虑用人工智能帮助法官通读所有证据，进而提高对诉讼案件做出裁决的效率。在这一点上，人们希望在涉及各方利益时，算法能为人们提供决策所需的证据。但我们应当意识到，如果决策（涉及不同利益主体的利益）可以自动化，将给法律行业带来风险和挑战。实际上，这种算法的应用可能会使自主学习机器影响法律框架内的公平决策。毋庸置疑，如果有关人权和义务的问题也逐渐自动化，我们可能会进入一个危机四伏的时代，人的价值观和价值取向可能会受到挑战。

另一个正在迅速将技术与自主学习机器纳入其生态体系的行业是金融服务业。在交易与金融和风险管理中，数字化技术和机器学习也不再稀奇。[15]相反，在今天的金融业中，算法似乎已经成为常规方法。实际上，利用算法管理风险分析，或根据客户情况提供个性化产品都是前所未有的举措。我们甚至可以自信地说，今天的银行首先是技术公司，其次才是金融机构。因此早在2018年就有专家预测，3年后，金融业在信息技术上的投资将达3000亿美元，较2018年增加近400亿美元，这不足为奇。[16]

事实上，不只有银行热衷用技术改变行业的运作方式。与之相对的是，科技公司也在进军金融业，事实上，科技公司也逐步变成了"银行"。例如，脸书（Facebook）和亚马逊（Amazon）都开始提供金融服务和产品。

还有一个因自主学习算法而大有不同的重要领域是医疗保健业。[17]医疗档案的保存和管理现在已经逐步实现自动化，所有信息可以相互关联，以方便医生快速查阅。[18]医疗保健业的巨变，也影响着医学研究，使医学研究和治疗取得更多成果。[19]医生可以利用技术真正实现有证可循，更加准确地检测疾病，并提出治疗方案。例如，通过研究如何提高淋巴结细胞影像的癌症检出率，我们发现仅用算法进行检查的错误率为7.5%，纯人工检查的错误率为3.5%，但两者结合的错误率仅为0.5%（误差减少85%）。[20]

我们 vs 它们？

这些进展都说明，人类一直引以为傲的基本认知技能和身体素质即将成为过去。能够快速处理与学习的机器，轻轻松松就将拥有这些能力，并将其进一步优化。这种观点也得到大众媒体的广泛支持，因此很多人怀疑自动化是否有极限，如果有，其极限在哪里。毕竟，如果连那些让我们成为人类的重要能力都可能被人工智能取代，而这项新技术还可以进行深度学习、不断发展的话，那么未来人类还有什么立足之地呢？

这不是最近才出现的人类思考，事实上，这种思考已经存在了相当长时间。1965年，英国数学家I. J. 古德（I.J.Good）写道："超级智能机器可以设计出更好的机器，那么，毫无疑问会出现'智能爆炸'，人类的智力只能瞠乎其后。"平心而论，这样的推测引出了几个存在主义的问题。正是这些问题，让今天的人们对人类的未来产生忧虑，毕竟现在已经有机器可以超越人类。事实上，机器让人类陷入潜在的利益冲突之中，导致人类难以抉择。

一方面，我们痴迷于人工智能给社会与企业带来的诸多益处；另一方面，这种痴迷也让我们开始思考，继而忧心不已。我们认识到，技术可以解决人的局限性，最后可能还会将人淘汰。在追求更高的利润和发展，渴望提高效率的同时，我们可能会对生而为人的意义感到失望。

通过对人性的反思和批判性思考我们可以发现，虽然担心被取代，但我们确实把人和机器看作两个不同的实体。人类是"我们"，机器是"它们"，就这样将两者区别开来，因此，把人和机器都概括为"我们"显然很难被接受。如果是这样，我们究竟该如何讨论人与机器之间的合作关系？我们认为，如果人与机器大不相同，不可能成为一体，那么最好的情况可能就是两者共存。即使共存，很多人依然感到不安，因为人类将有可能被更高级的机器所取代。

这些担忧表明，其实我们认为人类的能力有限，而机器可以发展到人类无法企及的高度。这种假设合理吗？从科学的角度该如何解释？许多相关研究证明这种观点的确站得住脚。研究表明，人们不断评价新技术的潜力，探讨其功能，预测其未来用途，从中可以看出，人类害怕被超越。但为什么科学界会得出这样的结论呢？

自20世纪70年代以来，学者们始终试图用各种证据证明人类专家在临床诊断、预测研究生通过率和其他预测任务方面的表现不如简单的线性模型。[21,22]于是社会上出现了这样一种观点：算法判断优于专业的人类判断。[23]例如，研究表明，算法在心率疾病的医学诊断上更准确。[24,25,26]

此外，在商业领域，算法能更准确地预测员工业绩和客户意向，并分辨出假新闻与假信息。[27,28]通过对这些作用的整体分析（即所谓的元分析），我们甚至发现，算法预测的平均准确率比人类高10%。[29]总而言之，这些证据表明，算法可能（并将逐步）超越人类。

这种科学证明，再加上我们将人类和机器区分成"我们"和"它们"，于是出现了一个问题：人工智能能否取代人类的核心职位。[30]这不再是一个次要问题，而成了社会和商业领域讨论的重点，甚至还出现了一类网站，你可以在网站上面看到自己的工作在20年内实现自动化的可能性。

实际上，我们根本不必等，这种情况就已经发生了。例如，2018年，线上零售商Shop Direct宣布关闭分销中心，因为近2000个岗位已经实现了自动化。在管理架构中引入人工智能之后，欧洲最大的软件公司思爱普（SAP）也砍掉了数千个工作岗位。

当今社会的主流观点都以一种假设为基础，即只要有可能，人类将被机器取代（人类成为局外人），只有在自动化尚未实现的时候，人类才能成为业务流程的一部分（偶尔参与）。有些研究表明，这只是个时间问题。例如，埃森哲的一项调查显示，85%的受访高管希望在3年内增加在人工智能相关技术上的投入。[31]普华永道的一项调查也表明，62%的受访高管正在计划将人工智能用于管理领域。[32]此外，美国赛富时公司（Salesforce）[①]的调查发现，在服务业，69%的企业正在积极准备采用人工智能的服务方案。最后，雅虎财经（Yahoo Finance）预测，到2040年，我们的职场可能会有天翻地覆的变化。[33]

算法取代人类的想法从何而来

人类将被机器取代，这样的想法从何而来？人们是不是已经默认，只要有缺陷——在这个问题中是指我们自己的缺陷——就一定要被淘汰？世界上就没有弱者存在的一席之地吗？还是说我们都认为，如果镇上来了一个大坏蛋，他就会取代原来那个小坏蛋？如果是这样，那我们就将人类与人工智能的关系变成了零和博弈[②]：如果一方

---

① 赛富时公司（Salesforce.com.Inc，CRM），是一个按需提供定制客户关系管理服务的网络公司。——编者注
② 又称零和游戏，与非零和博弈相对，属于非合作博弈。它是指参与博弈的各方，在严格的竞争下，一方的收益必然意味着另一方的损失，博弈各方的收益和损失相加总和为"零"，双方不存在合作的可能。——编者注

更强（并因此获胜），那么另一方就输了（并被淘汰）。我们为什么会认为人类与人工智能之间是这种关系？

要回答这个问题，我们需要先了解著名的法国哲学家勒内·笛卡尔（René Descartes）对身体（Body）和心灵（Mind）的区分。[34] 人类的身体从事体力劳动，但工业革命使机器取代了人类需要耗费体力和进行重复性动作的工作。机器的优势显著，能提高我们的工作效率和利润，让我们能够进一步地发展；更重要的是，机器将人们从体力劳动中解放出来，让人们将精力转向对大脑的开发。人类变得越来越聪明，越来越有创造力，能够为现实问题找到新的解决方法。简言之，人们的关注重点从身体转向大脑，人们第一次依赖机器时，机器代替人的身体从事机械的体力劳动，于是人们可以将大部分时间花在脑力工作上。

而在21世纪，人类的大脑开始面临技术革命带来的挑战。人类的智力赶不上算法处理数据的速度，也无法像其那样可以无限地学习和优化结果。这些发展现象表明，整个社会已经进入了另一个阶段，巨大的机遇可以让人们进一步获益。但是，这个机遇并不能增强我们的体力以获得物质上的成功，而是增强我们的认知能力。如果用身体和心灵的观点来理解这些发展现象，我们的担忧就是杞人忧天。

过去，我们依赖机器完成体力劳动。如果现在和未来也沿用过去的模式，那是不是意味着我们也要依赖技术完成脑力劳动？如果从理性的角度来看，我们在努力争取完美，那么一定会依赖技术。我们知道，当今时代已经出现了一种新型的超级大脑——远远超过人类认知能力的人工智能。同时，我们频繁地看到新闻：在提高效率方面，人类智能败给了人工智能。

是我们自己制造了这样的挑战，这听起来有些讽刺，同时又很悲观，它提醒我们，结局已经不远了。实际上，在机器取代了人的身体之后，如果算法再取代了人的大脑，那么人类可能真的无路可走了。人类只有身体和大脑，如果两者都被取代，人类还能向何处发展？我们是不是该想一想，人类是否还有存在的必要。如果有，我们是否该扪心自问，在我们创造的整套算法中，人类能发挥何种作用？

正如前文所说，某些行业（例如，金融业、医疗保健业等）的自动化似乎正迅速成为主流，但放眼未来，实现自动化的不仅是那些算法胜过人类的行业。德勤的[①]《2018全球人力资本趋势报告》（2018 *Deloitte Global Human Capital Trends*）就反映了这一点。其调查发现，72%的领导者表示，人工智能、机器人和自动化即将成为未来最重要的投资领域。

---

① 全称德勤会计师事务所。——编者注

从"创新"到"领导"

如果人的身体与大脑都能被取代，那么人本身也就被取代了。这听起来像科幻小说，但我们似乎已经看到了这种苗头。因此，如果未来果真如此，那么接下来的问题就是我们是否会臣服于机器和技术。

在如今这样反复无常的商业环境中，这个假想听起来也不算疯狂。有人认为，在这种环境下的领导者，必须要更好地管理和利用数据，提出节约成本的具体建议，并提高企业效率与生产力。而且最重要的是，领导者要以闪电般的速度做到这一切！没错，从这种观点来看，我们可以说，新型的领导者已经出现了，但它并不是人类。实际上，人类社会已经开始了一场由算法领导的全新的产业革命。在人工智能的影响下，人类的领导力可能不完全适应当前变化的需要。如果真是这样，这场领导权的变革是否能毫无阻碍地顺利进行？

考虑到这个自动化的新型领导者能给我们带来的益处，抵抗不仅徒劳无功，而且甚至根本不存在，这是我们作为人类的理性反应。作为理性的人，我们会努力实现自己的利益最大化。而且就目前来看，自动化程度的提高给我们带来了诸多便利，使我们的生活更加高效。所以，从理性角度来说，我们对新型领导者给予了巨大的肯定。

但人类并非只有理性，情感可能也会发挥作用。所有的便利都为人类创造了一个舒适的环境，人类很容易适应这样的环境，甚至上瘾。一旦沉溺其中，我们就会顺从这样的环境，因为这样能让我们感到快乐。研究表明，机器可以触发人类大脑中的奖赏中枢（这也是人类痴迷于智能手机的原因之一），其会释放多巴胺，让人感觉快乐。但是，和所有的成瘾一样，人类可能会更加频繁地寻求这些奖赏，想保持这种愉悦，因此逐渐需要更多的自动化操作。由于自动化的领导者能给人类想要的东西，让人类上瘾，因此人类很可能会顺从，好吧，我们显然会投降。于是我们认为，自主算法已被社会普遍接受，其将领导我们。果真会如此吗？

但是，在你合上本书，并打算让算法告诉你明天要做什么之前，能否让我讲一讲另一个事实？这个事实会让你对算法的领导和它可能发挥的作用有一个更复杂的认识。首先，思考几个问题：所谓领导力就是成为最佳领导者的能力吗？领导者只需要身体强壮、头脑聪明就够了吗？领导力是身体与大脑结合的产物吗？如果你认为是这样，那么今天的智能机器就是真正的赢家。很抱歉，我对此不敢苟同。所以，为了讨论这些问题，让我们来看看算法到底是如何学习的，以及这是否符合当今（人类）社会所存在的领导过程。

自主学习机器是否有缺陷？

为了了解算法如何学习，我们有必要先认识一下英国数学家艾伦·图灵（Alan Turing）。图灵最广为人知的成就是在第二次世界大战期间破译了德国人使用的密码系统，为此他研制了一种机电计算机，叫作"炸弹"（Bombe）。"炸弹"所取得的成就无人能及，这让图灵开始思考机器的智能。

1950年，图灵发表了论文《计算机器与智能》（*Computing Machinery and Intelligence*），并介绍著名的图灵测试，时至今日，图灵测试依然被视为判断机器是否具备人类智能的关键测试。在测试中，测试者与一个人和一台机器互动，但他不知道自己面对的是人还是机器，只能通过对方的行为信息进行判断；如果测试者无法区分人和机器的行为，我们就可以称这台机器具备智能。艾伦·图灵的观点，在今天仍然深刻影响着算法的发展。

在图灵的行为科学占主导地位的时期，人们普遍认同可观察的行为是学习的源泉这一观点，但这股心理学的潮流抑制了人们对人脑内部的探究。人们无法直接观察大脑，因此将其称为人类的"黑盒"[1]（有趣的是，今天人们也将人工智能称为"黑盒"）。基于这个原因，当时的科学家认为不应该研究大脑，并认为只有行为才能真正体现人类的感觉和思想。

下面这则笑话可以证明这种想法多么流行：两个行为主义者走

---

[1] 即不能打开的黑盒子，表明其未知性。——译者注

进一家酒吧，一人对另一人说："（你的行为表明）你很好，（你觉得）我怎么样？"今天我们也有类似的假设：算法通过分析数据进行学习，从数据中发现某种模式，然后借助这些模式学习游戏规则，再根据这些规则推出结果，构建能指导预测的模型。因此，从某种程度上说，算法依据从数据中观察到的模式提出决策和建议。这些模式会告诉算法什么是常见行为（也就是数据中的规律），然后算法会根据其不断进行调整。

如果输入的数据中存在可观察到的模式，算法就要根据这些数据输出结果。但是，算法无法通过这些可观察到的模式（其模式反映了图灵所说的行为），得出其背后的原因。换句话说，这些模式无法使算法理解隐藏在可观察行为之下的感受，以及深层次的思考与反思。这意味着算法可以完美地模仿人类行为，假装成人类，但它们真的能充当领导者的角色在人际关系中发挥作用吗？那些据称能做出人类（习得性）行为的算法，真的能在人类社交关系中立足并发挥作用吗？

让我们来看看下面这个例子。谷歌的双工系统（Duplex）证明，通过人工智能可以完美地完成订餐服务，[35]并且餐厅老板完全没有察觉到向他预订晚餐是通过人工智能操作的。但你可以设想一下，如果交流中出现了意外情况将会怎样（注意，你能够想象这样一个情节，这足以证明你有别于算法，后者不会想象这个情节）？虽然网上信息显示今晚餐厅正常营业，但如果餐厅老板突然改变主意，告诉机器他今晚不打算营业，情况将会如何？机器能否理解这一情况，并作出合理的回应（即人的反应）？

客观地说，这几乎不可能。算法了解人类的一般行为，并可以基于这些行为开发出一套行为指令来应对大部分情况。但是，要理解人类行为背后的意义，并以同样有意义的方式做出回应，这完全是另一回事。而这就是让算法当领导者可能出现的问题。目前，算法还理解不了特定情况下某种行为的意义。人工智能的学习和操作，都是在与背景环境无关的情况下进行的，但人类可以解释自己做出某一行为的原因——重要的是，我们希望领导者具备这样的能力。正如梅拉妮·米歇尔（Melanie Mitchell）在其著作《人工智能：人类思考指南》（*Artificial Intelligence: A Guide for Thinking Humans*）中所说："即使是当今最全能的人工智能系统也有致命的缺陷，它们只善于完成明确的任务，而对那以外的世界一无所知。"

另外我还要补充一点，对于那些认为笛卡尔所谓的身体和大脑都可以被取代，并觉得人类越来越没用的人来说，他们似乎已经将对意义和态度的解释抛在了脑后。笛卡尔确实将身体与心灵区分成两个独立的实体，但他同时指出，这两者相互联系。现在我们依然沿用他的观点，因此才会说有一个健康的心理，才能有一个健康的身体。但身心如何相互联系？是什么让两者如此密切地保持一致？用哲学语言来说就是灵魂。灵魂让我们充满热情，产生各种情绪，并直观地理解自己所见、所做和所决定的事情。我们的身体与大脑或许能够被替代，但取代我们的东西是否也有灵魂？如果身体和大脑不能相互联系，那么领导力就缺少了核心。

想一想，你会简单地听命于一个智能机器的领导吗？《星际迷航》（*Star Trek*）的超级粉丝一定都知道"数据"（Data）这个角色。数据是一个仿真机器人，一直在试图理解人类的感情。其中有一集，数据接管了"联邦星舰企业号"，成为指挥官，这段经历给机器人和人类船员上了极有价值的一课，让他们看到人类的感情在领导力中有多么重要！

今天，我们已经进入了一个新时代，这种科幻小说的情节可能会在不久的将来变成现实。我们既然对未来的领导者做了种种设想，也应该知道我们希望建立哪种社会和企业：我们希望如何领导企业和社会的发展？领导力对我们意味着什么？在评估完我们自身的优势与劣势之后，最终谁应该担任领导者？这是我们应该思考的问题。

第二章 算法时代下的领导力挑战

机器时代早已到来，但今天人类对机器的需求似乎没有停止。现代机器要有更多的可能性、更高的执行力，同时还得有当领导者的欲望。但它们要领导谁？答案显而易见，谁最需要机器，机器就领导谁。因此，亲爱的读者朋友们，这个答案很可能就是人类。

纳克维（Naqvi）曾经写道："没有下属的配合，机器就无法达到我们的要求。"[36]只有在其他人愿意听从领导者的指示、支持其观点、采纳其建议的情况下，领导者才能发挥其影响力（我们称之为领导过程）。因此，如果机器要成为领导者，其下属应当具备我们为其他机器所赋予的能力和潜能。有些人一直致力于让机器的潜能得到最大限度的发挥，因此这些人也有可能成为机器的下属。这正是现在学者一直以来的研究思路。

当然，很多人可能想知道，机器（通过算法的运行来驱动）领导人类究竟有没有合理性。为什么要思考算法领导人类组织的可能性？算法是否会成为你的下一任老板，这个问题有研究价值吗？我们应该怎么做？"算法领导"是否有存在的基础？如果有，我们真的需要吗？

为了深入探讨这些问题，我们首先要扪心自问，让人类员工像听命于人类领导者那样听从一个由算法驱动的领导者，是否合理？这样的世界存在吗？对于这些问题，一些学者对此持肯定的态度。

这些学者认为，从很大程度上来说，由谁担任领导者取决于当时的形势。美国杰出的管理学专家杰弗里·普费弗（Jeffrey Pfeffer）于1977年在《美国管理学会评论》（*Academy of Management Review*）期刊上发表的《领导力的模糊性》（*The Ambiguity of Leadership*）一文中也表达了这一观点。他在文中揭示了领导者的秘密：他们独一无二，不受任何形势的影响。普费弗认为，人类渴望将英雄当成真正的领导者，因为他们有一种错觉，认为只有能做出惊人之举的人才能成为领导者。顺便一提，如果你了解当代的电影产业你就会发现，它们打造了一系列诸如复仇者联盟的战斗英雄，这说明直到今天我们仍然幻想能有伟大的英雄式领导者。

但有趣的是，现实情况恰恰相反，是形势造就了领导者，历史上的诸多例子都证明了这一点。一个人之所以成为领导者，并非因为他个人独一无二的能力，而是因为他能打胜仗，或者是因为他让人们认为自己的团队会在经济上创造奇迹。

我个人认为最典型的例子是美国的乔治·沃克·布什（George W. Bush）总统和"9·11"事件。在美国华盛顿的双子大楼和五角大楼被由恐怖分子劫持的客机撞毁之前，布什竞选总统的支持率几乎降到了历史最低点。恐怖袭击发生后，他前往"归零地"（Ground Zero）①并发表演讲，宣布美国将严惩此次事件的主谋。之后令人意想不到的事情发生了，突然之间，一个曾被多数民众认为没有能力担任美国总统的人，成为有史以来支持率最高的总统之一。因此，许多美国人将布什总统视为优秀的领导人，特别是当他表现出好斗和乐观情绪，并采取战争手段的时候。

对公务人员、体育教练和企业领导者进行的各种科学研究都证明，形势决定了谁能成为领导者。[37, 38]因此我们可以说，如果在别人眼中，领导能力的高低取决于形势需要，那么由谁担任领导者，或者他们如何领导又有什么关系呢？[39]

机器人会当老板吗？

这些备受推崇的观点似乎说明，算法也可以扮演领导者的角色，就像人类可以担任这个角色一样。那么，如果是这样的话，我们为什

---

① "归零地"为美国纽约世贸中心废墟的代称。——译者注

么还要为自动化领导而担忧呢？

如果让算法来做领导者也没关系，那么作为人类，我们更有责任思考算法是否真的能管理企业。今天的企业面临多变的商业环境，因此采取行动时必须快速敏捷。为了满足这些要求，人们努力探索如何让技术帮助我们提高工作效率，提升工作业绩。例如，我们需要技术创新，确保企业能够向苛刻的市场提供产品和服务。这是无法逃避的事实，也是我们所面临的形势！

在当今的商业环境下，我们需要算法来提升企业效率。我们已经了解了形势的重要性，那么企业的经营者为了追求卓越而接受算法的支配，这种想法一点也不离谱。换句话说，算法可能会促进管理流程的快速推进。

这已经不仅仅是一种设想了。我们对生产效率的期望越来越高，要求企业提高反应速度，并以数据为基础做出更理性的反应，因此商界领袖和意见领袖都提出了自动化领导的想法。没有人质疑其可行性，人们只想知道如何最大限度地使用人工智能管理策略。商界领袖明白，数字化颠覆带来的诸多挑战令人应接不暇。因此，企业界也不确定该如何应对数字化颠覆。如果是这样，我们是不是要把写了几十年的领导手册重写一遍？

现在的企业变得十分复杂，似乎需要一个像超人一样的领导者才能管理它们。世界发展得太快，人类领导者不相信自己能做出正确的决策。或许人类智能十分精巧复杂，但现实却未必能在极短的时间内处理大量的数据，进而不能做出最佳决策。这时算法出现了，它几乎具备了人们认为的优秀领导者的全部特质。目前人类时代已经发展到了这样的程度，"对于你能想到的任何技能，计算机科学家都已研发出了具备该技能的算法"。[40]因此，未来的企业将实现自动化管理不再是一个空想。[41]与人类管理相比，自动化管理的成本更低、效率更高、结果更公平。

更进一步来说，考虑到市场对企业效率的要求，算法必然要取代各个管理层的工作，也注定要从人类手中接过各个方面的领导权。[42]弗兰克·帕斯奎尔（Frank Pasquale）曾说："权力将逐渐通过算法来体现。"[43]让算法成为体现权力的一个途径，实际上就是推动算法成为掌权者。为什么这么说呢？由于算法具有深度学习的能力，因此它能构建人类难以理解的决策规则，它的决策看起来牢不可破且难以驾驭，如果让算法掌权，我们就会依赖它。换句话说，如果我们接受算法成为领导体系的一部分，那么我们便营造了一个依赖算法的环境。此外，由于算法极其理性，这种依赖也显得冷漠、死板，难以辩驳。这样一来，算法就会支配我们做什么和怎么做。

备受追捧的商业模型

如果算法能够决定我们与它的关系，企业要如何将这一点融入运营理念中？企业似乎逐渐接受了一种新的商业模型，让算法领导决策与执行，人类员工听令于它。[44]例如，分析软件供应商SAS（统计分析系统）认为，数字化的数据管理是一种进步，在这种管理下，算法不仅能向领导者提供意见，还能帮助领导者做出战略决策。[45]这种商业模型用智能老板作为人类员工的领导者，因为它们由算法驱动，具有更高级的领导方式。毫无疑问，这种商业模型推动了当前企业中的领导力变革，因此给很多人留下了深刻的印象。

我们正在尝试研究事业成功的首席执行官的大脑，并根据他们那些神经系统的特征开发出高效的算法。[46]这些算法会不断学习，发展成领域内的权威，甚至超过人类的领导者。世界经济论坛全球议程理事会（World Economic Forum's Global Agenda Council）进行了一项有关软件和社会未来的调查，结果表明，商业人士期望到2026年人工智能机器人可以成为公司董事会的一部分。事实上，这个关于未来的想象即将成为现实。例如，总部位于香港的风险投资公司深度认知集团（Deep Knowledge）任命了一个名为VITAL的决策算法为董事会成员，这意味着算法已经对公司领导层发起了挑战。[47, 48]最后值得一提的是，2019年，亚马逊已经允许人工智能机器人在不与任何人协商的情况下解雇员工。[49]

然而，人们必须认识到，这些令人兴奋的乐观发展也有可能适得其反。它们可能会让人们逐渐对人类的存在产生怀疑，并对未来感到恐惧。尽管算法为人们带来了经济效益，但在企业积极追求自动化的同时，人们也察觉到劳动力的贬值。[50]因此，人类员工的劳动力价值得不到认可，人们对失业的恐惧就不是杞人忧天。

此外，对算法的存在产生怀疑后，人们可能会反思，人类究竟希望看到一个什么样的社会。因为企业渴望以最完美的方式运行，所以就要让自动化来领导人类吗？还是无论人类做什么，都不能放弃人的特性，包括领导工作？

这些想法不容忽视，因为它直接导致许多人不确定自己的工作在新技术时代是否依然有意义。许多人也质疑，如果算法领导决策过程，人类雇员的未来将是什么样子。作为一名商学院教授，当企业的高管问我商学院未来是否还会开设领导力课程时，我也同样不确定。正因如此，我认为我们应该暂时先不要思考如何适应这种商业模型，以及未来希望看到哪种自动化领导者的问题。

但记着这些模型也没有坏处，要是能找出这些模型在我们追求绩效、企业和社会效益最优化等方面可能存在的问题，甚至会令人感到兴奋。但是，人类也有责任审慎地对待自己的野心、欲望和疯狂的梦想，因为人们所能想象到的未必是自己所需要的，也未必是通过最优质、最准确的信息而得出的愿景。事实上，说到商业领导的自动化，除了今天看到的令人兴奋的技术发展之外，我们还应认识到，推动这些愿景的人，很可能对自动化劳动力的真正影响知之甚少。

人的复杂性

设计未来的商业模型并推动其不断发展的人，未必真的了解算法可以做什么，也未必知道优秀的领导者需要具备哪些技能。

事实上，很多商业领袖都算不上技术专家，他们并不精通技术应用，也不会对自动化环境下的人类现实处境进行哲学思考。因此有人认为，随着自动化程度的提高，人们终将实现包括企业领导者在内的全面自动化，虽然这个观点十分伟大而美好，但人们也必须审慎判断，什么是真正有价值的，而什么并没有价值。有趣的是，与我们前面提到的商业领袖的自动化模型相反，最近的研究表明，与情感相关的能力决定了人类未来工作的性质。实际上，未来人类员工的薪资很可能取决于其处理情绪与关系的能力，而不是其认知能力。由此我们可以设想，在未来需要敏锐察觉关系需求的工作必须由人来承担，而领导者的工作似乎正是这一种。

我认为，用算法分析数据，然后奇迹般地自动得出策略，这种方式对企业和社会的运转没有用。因为算法是一种技术工具，不具备在无人参与的情况下立刻做出回应的领导能力。从今天的技术发展来看，我们必须认清一个现实，即自动化决策仍然是个"黑盒"，它还不能像我们想象的那样有组织地运行。算法缺乏人的复杂性，没有道德规范和情感意识；除了即时可见的经济回报，算法不具备创造其他价值的能力。实际上，从已有数据来看，当我们想最大限度地利用算法领导并协调企业时，现实与我们的想象总有些许不同。

IBM（International Business Machines Corporation，国际商业机器公司）的研究显示，41%的首席执行官表示他们的企业不准备将数据分析工具引入管理结构中。[51] 此外，在以自动化方式与人打交道这一问题上，只有22%的企业表示，他们在人力资源管理中采用了算法。[52] 而这其中的大部分企业都不清楚算法的具体效果。这些数据表明，在21世纪，英明的领导者还是更需要策略，而不是只用技术（包括管理技术）处理数据就试图有所作为。相反，只有以人为本，以可持续的方式利用这些技术，体现人的价值，维护人的利益和福祉，领导者才能真正有所作为。

第三章
算法领导：来势汹汹

作为一种公认的新事物，算法即将渗透到我们的日常生活和工作中。然而，现实是，算法并不是未来即将主宰我们的生活，而是已经开始主宰我们的生活。

算法驱动机器，告诉机器该做什么，从而生产出人类想要的东西。算法不仅有人工智能广告中所宣传的人们热切期待的超级智能，还包括我们今天日常普遍使用的机器（例如，计算机）的驱动程序。因此，算法已经成为社会中的关键部分，它的影响只会随着时间的推移而增加。

需要强调的是，未来算法将无处不在，因为现实中许多人并不清楚什么是算法，因此也忽略了我们应该如何评估算法在工作环境中的实际价值和应用。这一点必须要注意，因为企业似乎愿意接受这样一个理念，即算法领导将是人类下一个进化步骤。如果要使算法具有领导者一定的影响力，那么我们也需要知道这些领导者是谁。

提到领导者的问题，我们马上就能想到几类具备特定能力的人，或者说，对于那些有能力当领导者的人，我们有非常明确的期望和认识。因此，当形势发生变化时，我们才能快速确定需要哪一种领导者。换句话说，从人类心理学的角度来看，当有特定需求的形势出现时，我们会迅速推断出在这种形势下需要哪种领导者。根据形势的需要，我们愿意让具备某些能力的领导者负责，并听从他的指示。

今天的商业面临诸多不确定性，导致市场具有多变性，因此商业领袖必须能够应对复杂多变的形势。算法具备独特的能力，能够保持理性，并能够连续处理复杂且难以理解的事件，似乎符合现在的商业形势对领导者的要求。正如前面所说，今天这个千变万化的商业环境，让算法成为未来领导者的有力"候选人"。

事实真的如此吗？根据我们已经知道的形势要求和算法表现出的能力，就能做出理性的判断吗？尤其是我们还不清楚在社会背景下如何界定算法。

如果把算法当作未来的领导者放到世界的舞台上，我们在盲目地将自己托付给自动化之前，有必要进一步了解这项新技术真正的领导潜力。要实现有效的领导，前提是未来的领导者必须值得信任。这种信任可以让人自愿与领导者建立坦诚合作的关系。只有在开明与合作的关系中，领导者才能发挥其影响力。简单来说，如果领导者不为人所信任，领导力便无从谈起。

聪明未必高明

那么，算法在"智力"方面的表现怎么样呢？已故学者彼得·德鲁克（Peter Drucker）曾说："计算机不会做决定，它只会接收我们的指令，它是一个彻头彻尾的傻瓜，但这正是它的优势。它迫使我们去思考，去制定规则。工具越愚蠢，工具的使用者就要越聪明，而计算机就是我们使用过的最愚蠢的工具。"[53]

如果彼得·德鲁克的至理名言在今天还适用，那么我们就要当心了，因为一场领导灾难可能正盘旋在我们的头顶上。如果让算法扮演领导者的角色，负责应对瞬息万变的世界，那么可能会产生一个问题：它是否有能力建立起足以领导他人的影响力。毕竟，今天的领导者要管理全球化的企业，经营跨国业务，必须具备一呼百应的号召力。为了建立这样的影响力，学者认为较强的领导力必不可少。[54]算法能做到这一点吗？如果不能，那说明它并不像看上去那么有智慧。这样一来，我们必须更加谨慎地判断，在什么时候、以哪种方式将算法用在重要的问题上。

在这个逻辑下又出现了一个重要的问题：算法真的能像人一样可

以明察善断吗？研究表明，人们一般将机器和更加具体的算法视为非人类，其原因是，我们无法使机器拥有一个"完整的心智"。[55]我们认为机器和算法不具备人类成熟的情感（体验）和思考（能动性）能力。我们假想，如果让机器担任领导者，是否也应该让机器具备人类的情绪与认知？如果说人们只有认可领导者的合理性后才会追随他，而这种合理性来自人们对领导者是否明智、公正和谨慎的判断，那么这个问题的答案就是肯定的。

心理学研究表明，只有当某人或某物具有能动性和体验时，我们才认为其具有心智。[56]我们认为算法没有同理心，也不能理解人类情感的真正含义，因此算法没有完整的心智。此外，如果我们认为某人或某物不具备完整的心智，没有识别和理解情绪的能力，那么可以肯定的是，我们也不希望这个人或物代表我们做出伦理选择。因此，如果算法不能做伦理选择，那么让算法担任领导者的想法势必很难实现。领导者应该服务于我们的根本利益，并能为此做出适当的决定。

算法不能担任领导者，那么故事到这里就该结束了。

是这样吗？

今天的领导力不是明天的领导力

也许故事还没有结束，而是有了一个新的开始。从大众媒体、商业报道和以未来为主题的演讲中我们可以看出，算法还没有被排除在领导者竞争之外——它的竞争力甚至可能更大了。事实上，尽管科学研究发现算法存在几个重大缺陷，无法承担决策的责任，但关于算法能否胜任领导者的讨论却没有停止。算法可以运营企业的话题尚未终结，仍然被广泛讨论。

那么，为什么关于自动化领导的讨论经久不息，甚至被设想成未来的领导模式呢？原因之一在于，"算法领导"思想的大肆宣扬本质上体现了人们对当今（人类）领导者的失望，因此，商界和社会可能都在寻找另一种形式的领导者。或许人们想在未来的领导者身上看到一种不同寻常的智慧，而算法很可能就拥有这种智慧。

我们现在已经进入了一个新的时代，这个时代未来的商业领袖或许不需要具备我们无比珍视的人类智慧。更确切地说，从其他特质和技能的角度定义未来的领导者的才能，我们想要的很可能是一种能够以最快速度做出最准确决策的领导能力。如果我们希望未来的领导者具备这样的决策能力，那么准备让算法当领导者也就不足为奇了。毕竟，能够快速做出准确决策的领导者，也能出色地应对多变的商业环境。

有趣的是，回顾有关领导学的文献后我们发现，以往的学者认为优秀的领导者是能够"及时做出正确决策"的人。[57]我们都知道，领导者每天都要做决策，这些决策会引起重大的社会效应，给企业及其员工带来正面或负面的影响。[58, 59]因此，在数字时代的今天，我们的重点是选择能以最佳方式处理数据的人或物来做领导者。然后，我们突然意识到了算法的精妙之处，它能做决策，所以也可以成为领导者。

如果从上面的理论转移到行为实践，我们可能会找到一些支持算法领导的证据。不容忽视的一点是，随着算法与决策过程的结合，我们的工作正在逐渐自动化，这一趋势也可以看作新的自动化领导者即将到来的信号。

这是为什么呢？自主学习算法的运行越快速、越精确、越持久，人类就越有可能将权力转让给这样的算法。现在，企业在复杂多变的商业环境中运营，越来越需要领导者更快速、更准确地做出决策。为了满足这种需求，人们开始寻找一种新的领导者来完成这项工作。人们普遍认为，这种新型领导者似乎是自动化的，能够理性思考，在任何情况下都能提供最佳选择，给人精确的感觉。

我们准备好了吗？

此时此刻，或许你很想知道，我们对这种新型领导者的渴求是否只是痴心妄想。一方面，人类领导者肯定不会轻易将权力和影响力转让给一个自动化实体；另一方面，我们对待这些问题的态度似乎过于感性，正是这种情感上的反应，阻碍了我们将现在的领导力转变成水平更高但人性化程度更低的形式。

毕竟，从理性的角度来看，我们应该尽可能地优化经营方式。毫无疑问，这些努力中也有我们对如何经营企业、优化决策方式的思考。如果我们能理性地思考如何应对未来的工作，自动化领导的实现只是时间问题。

一些研究表明，现在人们已经做好了接受这个观点的准备。2019年，洛吉（J.Logg）、明森（J.A.Minson）与穆尔（D.A.Moore）调查了人们对算法提供的判断和建议的态度，得出了一些很有影响力的结论。[60]调查表明，人们通常愿意接受算法的指导，有时对算法的信任度甚至高于对人的信任度……或许我们也不必花费力气去强调这一过程中的人为因素。很多企业依靠算法运营，像网飞和潘多拉（Pandora）等，它们的做法或许是对的。

近期的研究显然佐证了一个观点，即人们对未来领导力的问题似乎并没有那么担忧，实际上，他们比我们预期的更加乐于接受算法提供的建议和指导。重要的是，这种趋势似乎并非只存在于实验研究中，也出现在我们的实际生活中。我们知道，与算法设置的涨价相比，优步（Uber）司机更抵触人为设置的涨价。如果一个人制定的新要求损害了其他人的利益，这些人通常会耿耿于怀，但如果这样的政策是由算法制定，人们通常会更加宽容。

如果由人做出的决策给他人带来负面结果，常常被认为是蓄意为之。但是，如果算法做出的决策给人们带来了负面结果，则不会被认为是故意的。人们认为算法不具备思考能力，因而很难想象算法会不怀好意。

这说明，在特定的环境下，人们更愿意通过算法来做选择，因为算法不会对他们造成威胁。近期，一项发表于《自然-人类行为》（*Nature Human Behaviour*）上的研究进一步证实了这一观点，[61]与让其他人顶替自己相比，人类明显更倾向于让算法取代自己的位置。对于目前讨论的人们担心被人工智能取代的问题，这一结论令人倍感意外。但是如果我们从另一个角度来看，人们更愿意让理性行事的算法代替自己做决定，这一结论并不令人意外。参与此项研究的学者发现，产生这一结果的原因在于，对人类来说被他人取代对自身利益的损害更大，准确来说，他们认为这会损害自己的公众形象（即别人对自己的看法）和自尊。

事实上，如果有人取代了你的位置，别人会立刻认为这个人比你更加优秀。人们显然不喜欢这种判断，因为这意味着别人否定了自己和自己的能力（也就是自己的一部分公众形象）。从另一方面来说，如果身为人类的你被算法所取代，那么你是被一个非人类所取代的，这对你的公众形象的损害较小。的确，人类和非人类是完全不同的两个物种，因此无法在同一维度上进行对比。

　　无论是优步司机还是刊载于《自然–人类行为》上的研究都证明，与人相比，人们更愿意让算法做主。因此，这些观察数据充分表明，人们更倾向于依赖算法的功能和它所提供的建议，因为算法不是人，它可以排除人类决策者的情感和偏见。因而，人们可能已经准备好去迎接理性的非人机器走上需要做出可靠的最佳决策的岗位之后所带来的效益，例如，领导岗位。

　　如果人类的领导者在做决策时，能摒弃其私人意图和偏见，人们也会欣然接受其决策，并相信其决策的公正性。从这个角度来说，算法已经取得了飞速的发展，它可以向客户提供建议，成为企业更高层管理者的智囊团。例如，对客户支持和服务运营部门进行的调查显示，截至2020年，高达85%的人愿意使用虚拟助手完成客户服务和支持等业务。可以预计，在不久的将来，我们会看到越来越多的企业使用聊天机器人。[62, 63]

谁有资格成为领导者？

　　我们该如何看待这一切？如果考虑到当今企业所处的复杂多变的商业环境，在此环境下必须快速做出最佳决策的需要，根据近期的科学研究结果，以及商界人士对各权力层实现自动化的憧憬，我们得出这样的结论：算法领导是最好的出路。

这显然有充分的理由。随着线上办公的日益流行，用算法跟踪、协调员工表现并加以评价，已经成为非常常见的做法。[64]更重要的是，今天的企业承认其越来越依赖用算法协调工作中的关系，将权力赋予算法肯定不再是科幻小说的情节。但这就是故事的结局吗？算法将走上领导层，成为更优秀的领导者，这就是结论吗？

我认为不是！如果我们狭隘地定义领导力，故事的结局就是让算法成为领导者。那么，所谓狭隘定义领导力具体指的是什么呢？要回答这一问题，首先要知道我们是如何应对算法取代人类这个问题的。社会上很多人，特别是大众媒体，只看到了完成工作所需的能力，能力当然很重要，领导者通过它可以基本准确地预测员工以后的工作表现，但要在工作中发挥影响力并保持高效的工作效率，需要的不仅仅是技能，还需要由人们赋予的工作的意义。认可一个人在大环境中的作用是让他保持工作积极性的关键。

任何企业的工作都是社会大背景中的一部分，因此员工需要具备与他人交流、谈判、游说与合作的能力。但不幸的是，人们在讨论工作是否应该自动化时，鲜少关注在更大的职业环境下人们为工作赋予的意义。我认为，当我们讨论算法是否应该并且能够担任领导者角色的时候，也存在同样的问题。

今天的讨论中出现了人们将领导力视为一系列必备技能的组合的趋势——如果某个人具备完成某项工作的技能，那么这个人就可以当领导者。如果把这种方式当作自动化领导的结果，那么对自动化系统领导企业的思考就过于狭隘了。如果用这样狭隘的方式定义领导力，企业就会简单地认为，只要一个人或者非人的事物能够根据数据快速做出决策，那么他或它就适合做领导者。再看看摆在我们面前的领导力选择，于是可以说，算法理应是承担领导工作的候选者。

其他人会响应吗？

但是，我们必须承认，领导力不是这样的！有效领导的一个重要体现，是领导者能够利用其影响力激励、启发和指导他人。领导者需要推动变革，因此他们必须得到他人响应。但是，只有当其他人愿意接受并支持领导者的决定时，领导者才能推进变革。

根据自己的工作经验，我们必然希望领导者能够解释变革的必要性，也都希望领导者能够向我们展示变革后的情况，以及变革为我们创造的价值。这会激励他人追随领导者并促进变革的实现。另外，领导者还要有影响力。因为如果没有人支持领导者的变革，那么一切就都免谈。在这种情况下，如果领导者没有影响力，只会一事无成！

为什么说当人们都不接受领导者的观点时，领导者只会一事无成？处在领导地位的人不是在任何情况下都能成功吗（无论别人支持与否）？但事实是，作为领导者，他还需要其他人协助来推动事情发展。[65]如果没有人响应，也就没有人行动。我们可以想一想，有多少成功的领导者会对诸事亲力亲为？他们不会这么做，因为他们需要统筹全局，具体的事务需要依靠下属来完成。因此，要成为一名出色的领导者，关键是要具有影响力，并通过下属的具体执行来推动变革。现在，这个过程可能比以往更加重要。

在今天的商业环境中，领导者还要应对数字化颠覆带来的挑战。为此，他们需要设想未来，并确定为了实现这一设想，企业需要努力的方向。但只讨论应该做什么是不够的——今天有很多商业领导者都陷在了这一阶段。领导者的任务不仅限于提出方向，他们还必须让人们心甘情愿地沿着其所提出的战略方向前进。因此，就算领导者具备我们能想到的一切技术和分析能力，只靠他单打独斗也做不成任何事，他需要组织内的其他人（越多越好）也接受变革的挑战。只有当一个组织内的所有人都支持这个变革并为之努力时，变革才能进行。

黑盒问题

这些关于领导力的思考清楚地说明，要想知道算法领导是否能够成为现实，我们首先需要判断这项技术能否创造一种文化，使员工心甘情愿地接受领导者的影响。因此，如果算法想成为领导者，它也应该具备这种影响力。如果从这个角度思考算法的领导力，我们会看到另一个完全不同的情况。现在，算法似乎还不是领导者的最佳人选。的确，算法是否能打动人类员工的内心，是否能动员他们来共同实现愿景，这些我们还不得而知。

要搞清楚这些问题，我们得先知道算法有没有能力让人类以一种开放信任的态度面对自动化的领导，而这可能就是问题所在。例如，T.H.达文波特（T.H.Davenport）的研究显示，41.5%的美国消费者不会放心地将股票托付给人工智能，只有4%的人在录用员工的过程中信任人工智能的选择。[66]

很多人认为，在未来将权力交给算法是一种非常可怕的行为。例如，2015年，英国剑桥大学学者斯蒂芬·霍金（Stephen Hawking）和另外3000名学者向联合国提交联名公开信，呼吁世界禁止使用"自主武器"（或称杀人机器人）。他们认为，为算法赋予权力的前提，是不能危及人类福祉或在某些方面不能威胁到人类。调查表明，现在人们非常关心算法是否能代替自己做决定这个问题，也对此感到怀疑和不安。

既然人们对算法能激励自己接受它的指示的观点持怀疑态度，那么科学界对此又是如何解释的呢？人们进行了大量的相关研究最终得出了一个重要的结论：人们认为自主型算法的运作类似于黑盒。这种想法使人们对工作中使用的自主型算法产生了怀疑。

这种怀疑主要源于算法提供信息的过程缺乏透明度（它是怎么生成的？）且难以解释——即使是最初设计算法的工程师也很难了解其运算过程。[67, 68]因此，毫无疑问，人类员工在向算法委派任务和赋予其执行权力时会存在顾虑，因为他们不了解那些高级的算法是做什么的。这些观念再加上相关的情感，也是人们对工作中使用的算法缺乏信任的重要原因。[69, 70]

这种不信任的状态又导致了另一种局面，这使算法显得愈发不适合成为领导者。算法是在工程实验室的安全界限之内开发出来的，但现实是，它们根本没有能力应对存在多种社会要求的多变的商业环境。其中一项要求就是员工希望知道自动化程序做出某项决策的原因，这会使决策过程进一步复杂化。并且这一社会要求不会随时间降低，只会越来越高。

例如，自2018年夏天开始，欧洲联盟就要求各组织以公开透明的方式，就其所使用的算法进行交流。事实证明，这项措施使算法逐渐暴露出越来越多的问题。

对算法的信任问题

人们对算法的不信任是后天形成的，还是一开始就存在于大脑中的呢？如果是后者，那么这种不信任感就无法避免。事实上，在一个日益自动化的世界，这种不信任必定会成为我们默认的态度。研究结果也证实，人们对算法的预测和决策能力存在负面的偏见，因此对其产生了不信任感。例如，有学者认为，这些偏见导致人们更相信人类自己做出的预测，认为人类的意见比算法的意见更准确，如果专业人员向算法而不是别人寻求建议，人们会对他的评价会更严苛。[71, 72, 73, 74]人们这种排斥算法提供的建议的现象被称为"算法厌恶"（Algorithm Aversion）。[75]

我们之前的观察结果可以解释这种算法厌恶现象，即人们对算法怀有很深的不信任感，特别是在与人类利益切实相关的问题上。我认为，人们之所以默认这种态度的存在，是因为利用算法做决策会使人的特性消失。换句话说，虽然算法可以准确地做出最佳决策，但让算法代替人们做决定就是另一个问题了，而这正是领导者要做的事，他们要替其他人做决定；虽然我们不怀疑算法的理性和优化能力，但我们无法信任一个非人类，并放心地把关乎人类利益的决策权交给它。即使我们认为这项新技术可以做到这一点，但它剥夺了人性[76]。

对此，我们已经有了两种重要的认识。一方面，今天的算法能够出色地完成一件事，它们在某些任务或领域上的表现甚至超过了人类。[77]另一方面，领导一个组织是一项十分复杂的任务，任何一项决策都会影响到全体参与者，从这个角度来说，人类需要的决策者必须严格符合人性的观念。

这两点又引出了另外两个关于未来算法领导的矛盾观点。算法擅长处理复杂的数据，可以快速找到能优化未来决策和战略的趋势与可能性。这对有些人来说可能是个好消息，因为他们认为领导力就是做出最准确有效的选择，让其他人支持并执行。

但有些人认为，领导力不只是准确判断并做出最佳决策的能力。首先，虽然算法能找到应对挑战的办法，但仍然有必要根据领导者希望实现的价值和目标解释这个过程。换句话说，在决定做事情之前，任何算法输出的结果都要有一种解释，这里必然需要人的参与。其次，领导者要鼓舞人们，并让他们有机会在为集体工作的同时，为自身谋取利益。显然，算法无法在这两方面给出解释和指导。

因此，在算法领导是否可行的讨论中，哪一种观点是正确的呢？

两大阵营在领导者的任务以及意义创造上存在着明显的分歧，这种分歧也很难解决（如果它有解决的可能性）。但我想说的是，我们要换个角度看待算法领导的问题。我们应该努力达到一种状态——既能充分应用算法做出决策，又能最大限度地保证领导过程中人性的参与。

在本书接下来的部分，我会讨论人类领导的组织中存在的两个不同层次的权力：一种权力与管理有关，属于管理者权力；另一种权力与领导有关，属于领导者权力。从它们的主要职责和履行责任的方式来说，管理与领导的概念完全不同，只有厘清两种职责的价值，我们才能理解使用两种权力时算法能够并将发挥更大的作用。

第四章

管理是控制，
领导是征服

　　将管理与领导这两个概念混用是商业领域常见的错误。尽管两者的角色看起来一样，但它们具体的职能却相去甚远。[78]了解这两个概念的差异及其作用，对找到算法在工作环境中的最佳用途至关重要。

　　诚然，任何企业的层级制度都包括管理层与领导层，但两者的责任和思维模式大不相同，它们从方方面面影响着员工的想法、行为与感受。随着算法逐渐融入我们的工作环境，它也将成为企业层级制度的一部分。如此一来，管理层与领导层将受到怎样的影响呢？

企业的经营之道

　　今天的我们如何经营企业？想必人人都已经注意到，大多数企业都存在一种相当官僚的文化：我们要逐一完成指标，使用综合矩阵系统，每个人都要接受管理，确保自己遵守程序，维持系统的稳定，等等；随之而来的文书工作在这些年不断地增加。[79]当然，没有人愿意乘坐一艘连船长都无法把控航向的轮船，因此我们需要一些获得普遍认可的程序和体系。同样的，企业高层也希望能有一种高效有序的方法对企业进行经营与管理。

但很多人可能都已经发现随着企业经营中的官僚主义逐渐增强，制度比人拥有更大的权力，从某种程度上说，这并不令人意外。早在一百多年前，马克斯·韦伯（Max Weber）就曾说过："官僚制度越完善，管理就越'去人性化'。"这个观点逐渐给许多人灌输了一个思想：管理之道在企业中非常普遍。

与过去相比，管理已成为现代企业经营的基础。实际上，在今天的大企业中，在基层员工之上平均还有8个或8个以上的管理层级。英国商界领袖、英国伦敦商学院客座教授加里·哈默尔（Gary Hamel）指出，自1983年以来，美国企业管理人员的数量比之前增长了一倍以上，而其他岗位的人数却不存在这样的增长。

管理的必要性

从管理层人数的增长中我们可以看出管理工作的重要性。那么，我们是如何把管理工作演变成一门学问的呢？这个问题的答案要追溯到工业革命时期，正是在那个时候，机器开始代替人类进行劳动。其间，企业规模迅速扩张，结构也变得十分复杂。当然，这种企业快速增长本身就存在风险，会使企业内部陷入混乱。那么，人们是如何应对这种增长的呢？

那一时期，人们对如何保证企业协调有序的发展知之甚少。人们意识到在这个认识上的缺陷之后，并受切斯特·巴纳德（Chester Barnard）等人的启发，现代企业管理理论就诞生了。其基本观点是，对企业的管理需要采用行政方法，具体来说就是建立管理体系以管理员工个人的行为。此后我们进入了另一个时代：企业经营成为一项管理任务，核心是控制和协调员工的行为。

美国学者弗雷德里克·泰勒（Frederick Taylor）基于这种以管理为中心的观点，于1911年出版著作《科学管理原理》（*The Principles of Scientific Management*）。他在书中强调，要使企业更高效地运转，不能依赖于人，而要采用基于控制机制的系统。泰勒的这些观点都基于他的生产力实验，该实验显示，不遵守秩序的员工效率低于遵守秩序的员工。因此，自此以后，企业管理中始终存在一个基本的假设：只要涉及人，就需要持续跟踪其表现。[80]

管理过度的问题

将管理作为一门专业学科进行推广存在以下几个重要问题。首先，管理学作为一门学科只有一百多年的历史，仍然是一个比较新的研究领域。其次，管理者的工作本质上依然属于行政工作。管理者需要密切关注企业动向，确保每件事都尽可能顺利、高效地完成。"management"（管理）一词来源于法语词汇"ménage"（本意指一个家庭的稳定发展），意思是确保企业的一切都能保持平稳安定，不受到干扰，不发生不必要的变化。根据该词语的含义，不免让人联想到它能帮助企业高效发展，使员工可以完成KPI（Key Performance Indicator，关键绩效指标），并对企业的未来发展做出预测和评估。

因此，管理对保持企业的工作秩序和协调至关重要。[81, 82]为此，我们需要做好整体的规划和预测，制定易于跟踪的标准，并设置易于评价与坚持的精细目标。这样，资源就可以按计划进行分配，从而提高各部门的工作效率，我们所做的预测也会相对准确且方便管理。[83, 84]

显然，秩序和稳定性都不是贬义词，通过管理协调各部门之间的交流与工作也没有问题，问题是人们把管理工作看得过重。事实上，从企业中管理层的数量我们可以看出，企业对内部行政管理的关注在企业工作中占据了主导地位，甚至已经把维持稳定当成了唯一的工作重点，而这只是因为不断发展的官僚制度没有给其他事务留下任何空间！

因此，当今企业中面临的主要问题是，人们要做的文书工作和要完成的指标过多。对于害怕改变的人来说，这可能是个好消息，因为有系统保驾护航，企业文化遭到破坏并陷入混乱的风险微乎其微。但对于拒绝维持现状，追求变革、谋求发展的人来说，这种过度的管理无异于一场噩梦。

管理者要转变思维方式

不过，企业已经意识到了这个问题：它们的管理人员太多，而领导者不够。

很多企业已经意识到，虽然行政管理的成本持续增加，但它们的员工却因为大量的文书工作而难以进行正常的工作，导致他们丧失了创新能力。行政制度依靠大量的管理者虽然能维持企业稳定，但它无法帮助企业增值，这也是"行政"成为商界禁忌字眼的原因之一。

作为一名商学院教授，我每年都会接触很多来参加MBA（Master of Business Administration，工商管理硕士）课程的学生。他们通常都是企业的管理人员，但对于管理学的学习常常情绪激动，做出从"不可能"到"你居然敢那么说……我可是领导者"等的回答。我通常都要花上一些时间才能让他们明白，MBA课程是讲授管理学的课程。

等他们明白这一点之后，我会向他们简单解释为什么要学习管理学，然后阐明所谓的领导者并不仅仅是一个管理岗位。我这样做能为学好课程打下基础，倡导这些有志向的商业人士探索内在自我，探讨他除了正式（管理）岗位之外，还需要设立哪些目标。每一次我的学生都会发现，在这种探索的过程中，他们明白了什么是领导者。

这段经历表明，许多商业人士都认为带有管理头衔的职位意味着具有领导权。我们习惯了企业管理中的官僚制度，因此很多人都认为，管理者从事管理工作也是一种领导方式。但不幸的是，事实并非如此。

在深入探讨其原因之前，我想强调一点——管理并不是坏事。不可能每个人都是领导者，因此当一个管理者并不比当领导者差，企业需要有人通过管理来保证其根基稳定。实际上，如果企业的根基不稳，它就不可能出现能够担任领导者并推动企业创新的人才。换言之，只有先保证稳定的根基，企业才有可能实现目标。

少一点管理，才能多一点成就

但是，打下牢固的根基之后，企业需要创造一种文化，以激励员工提升自我的能力，使之超越本职工作的要求，并跳出固有的思维模式——这是企业逐步实现未来目标的唯一方法，而这一步也是最容易出现问题的地方。

诚然，今天的主要问题之一，是大部分人都无法跳出当一个管理者的思维模式——他们似乎无法进行自我提升。而大部分企业使用行政方法激励员工，只是为了方便管理。同样的，大多数人都擅长过度管理。管理者们已经习惯了整天管理他人的工作进度，结果，每个人都在监督他人，确保别人在做自己知道并且同样在做的事。

如果这就是当今商业领域的基本态度，那么我们会面临一个很现实的问题。因为在过度管理思维模式的主导下，一切都将保持不变，尽管我们不会一直需要变化，但当变化的时机出现，我们必须确保企业做好应对变化的准备。因此，我们需要培养足够的领导者来为未来做决策。有趣的是，著名的管理学学者约翰·科特（John Kotter）说过，管理者的工作在当下，而领导者要面向未来并应对他们认为有必要的变革。[85]

科特的分析意义重大，帮助我们理解了为什么有些企业对未来的准备比其他企业更充分。事实上，他认为，当企业只有管理者时，无法形成主动思考的文化，因为他们只关注今天（而不是明天）要做什么。这样的企业文化会导致员工的创造性与创新性不足，因而企业很难生存下去。正如J.科特曼（J.Kotterman）所说："与领导者相比，管理者通常可以概括为'不可思议的傻瓜'。"[86] 我认为，只有管理者的企业会形成只重管理的工作文化，然而这样的工作文化会导致什么样的结果呢？

现状思维的风险

如果一个企业只重视管理，员工就会以确定的方式进行思考与行动。他们有十分固定的思维方式，最终使自己成为完美的管理者。

这种思维方式是什么样的呢？

从狭义上来说，企业公司管理的目的是维持其秩序与稳定，因此员工基本上都抱有内省的态度。他们养成了一种习惯，会仔细检查内部的管理系统是否在正常运转，因此对破坏规则的员工及行为过分敏感，毕竟维护制度才是关键！在这种思维模式下，员工们认为需要解决的问题全都十万火急，因此他们会投入全部精力"救火"。这样可以保证企业运转一切照旧，但也因此阻碍了发展。

这就是现状思维的问题。这种行为反常吗？不见得。我们都知道，人会自然而然地规避未知而坚持已知的事物。当我们遭遇危机时，第一反应是努力让形势恢复到以前的状态，并且非常愿意相信这样一句话：我们一直是这么做的。

然而，今天的商业经营环境十分复杂多变，因此我们需要以更加灵活的视角应对未来的变化。显然，现状思维在今天的商业环境中已经行不通了。此外，维持现状的工作文化往往过于复杂，使决策程序变得缓慢，加剧了企业内部各个层级的拖延现象，阻碍了不同层级之间的沟通，进而导致领导者拿不定主意，效率低下。

只关注现状也与按部就班完成既定指标的心态密切相关。为了保持稳定，防止混乱，员工会履行程序，按照既定路线前进，从而完成明确的目标。在这种情况下，员工的首要工作是完成这些目标，简言之，用这些目标就可以描述他们的整个工作。如果实现了目标，他们会因在这样一个高效的企业里而自豪，而且是发自内心的自豪。在企业内部，员工们依照指示行事，所以诸事平稳。但如何面对外部世界呢？实际上，只重管理的工作文化可以提升内部效率，但最大的问题是它在复杂多变的商业环境中是否也能取得成功还未可知。

目标让你忽视真正的重点

在一个企业中，如果员工只需遵从管理者的期望和要求，那么他们就会形成短期思维。在实现管理者设定的目标时，员工不会考虑这些目标意味着什么，对企业有什么帮助，更不会考虑是否应该尝试用新方法来完成同样的任务。这种情况下，对于员工而言，重要的不是考虑企业的长远发展，而是尽快完成自己的KPI。

抱着这样的工作心态，员工还能发扬协调合作、建立互信与可持续的工作方式等价值观吗？我认为，在这种环境中，这些价值观很难出现，并影响员工的行为。当企业只有管理者时，就算企业重视（除个人KPI之外的）其他价值观的存在，发展也不会很长远，原因是什么呢？

只重管理的工作文化的典型特征是习惯于将任何一个新计划转变成新目标。例如，有一家公司坚信，员工之间可以通过互相讲故事的方式促使他们思考和探讨企业的价值观，从而让他们在工作中更加投入。这个方式最初只是为了让员工聚在一起，思考个人KPI之外的工作内容，但它又成了另一个评估工具。为什么会这样呢？管理者要求每个员工每个月都要讲一个故事，如果有人没有准备，他就会被评价为"不服从管理"。结果没过几个月，这位管理者就改变了所谓的"开放式的工作环境"，原因在于让很多员工感觉自己好像在一个"警察国家"里工作！

显然，在过分重视管理的工作文化中，变化被视作威胁，因此主动接受变化并促进企业的发展得不到任何奖励。在这种环境下，员工能取得最高奖赏的方法就是完成目标，而讽刺的是，这些目标只是为了维持现状而已。正如前面所说，在这种工作文化下，员工甚至害怕想出新的工作方法。任何有关改变的想法都是徒劳，如果这些想法被发现对现状有过高的破坏性，他们甚至还会受到惩罚。如果别人也是这样的态度，就会形成一种集体的思维模式，任何员工——无论是新员工还是老员工——很快会养成盲目追随的习惯。听起来这不是一个能培养未来领导者的最佳工作氛围，不是吗？

还有领导者吗？

当然，我们要让员工追随企业的负责人，因为在理想状态下，外部世界的发展会促使企业发生变革，因此企业也要采取相应的行动。但是，如果企业的文化不鼓励创新性思维，协调合作也只是为了维持现状，那么员工只会被迫盲目追随。员工会追随只是因为他们必须这么做（记住，他们的注意力集中在目标上），他们不会真正地投入工作，也不会具备领导者在变革中非常需要的创造性思维。

如果我们问管理者，是否愿意领导一群会打破陈规、提出创新观点，并以企业家精神践行这些想法的员工，几乎所有管理者都会给出肯定的回答。但悲哀的是，在现实中，过度管理孕育出一批想法相反的员工，他们不再进行独立思考，因为固有的思维模式替他们完成了思考。这种思维模式告诉他们，哪些事很重要以及他们需要做什么。管理就是跟踪员工目标的完成情况，并对完成目标的员工给予奖励。

因此，只重管理的工作文化营造出一种氛围，在这种氛围下，员工不加以判断地执行任务，因此也不会为自己的行为负责。更糟糕的是，他们对自己的工作缺乏归属感，最终失去了积极思考的动力，也不会再提出新方案，结果就是在一个复杂的大企业内，惰性思维泛滥开来。

没错，企业需要管理，但更需要的是让企业内部的稳定性成为一种优势，而不是劣势。第一步应该是夯实根基，稳固的根基才能保证灵活性与创造性，满足企业发展的最终目标。第二步就需要领导力介入，帮助员工创造长期价值。实际上，在一个日新月异的世界，企业应该增强领导力，而不是继续致力于过度管理。

如果企业过分执着于纯管理的思维模式，员工中普遍存在的惰性，将导致管理者越来越无法顺利完成目标。因为，虽然企业为目标的开始营造了稳定的环境，但实际上，任何目标实现的过程中都会遇到干扰与意料之外的变化和挑战。如果从来没有人教员工如何采取主动，如何从不同的角度思考问题，甚至从没有人鼓励他们这么做，那么目标很难成功实现。

领导者的工作不是管理

读到这里，你应该能清楚地感受到领导与管理之间的区别。管理者能增强企业的稳定性，而领导者要推动企业进一步发展并关注如何实现变革。领导者是传达愿景的人。对很多人来说，愿景是一个很常见的时髦用语，但它听起来模棱两可。那要怎么理解愿景呢？愿景描绘了企业未来可能实现的目标，以及通过变革有望达到的最终状态。

领导力始于愿景！

因此，从定义上来看，领导者不仅要关注企业日常的程序管理，更应该重视让员工为未来做准备。为此他们应该怎么做呢？领导者要鼓励员工参与到愿景所提出的变革中来。领导者要用令人信服的信息向员工指明企业的发展方向，提高员工的主动性。领导者还要解释为什么制定这个愿景和发展方向（考虑到当前面临的环境）。从这个意义上来说，领导者要为其所传递的愿景赋予目的。因此，管理者为员工提供了一个稳定的工作环境之后，领导者的工作就开始了，激励现有的员工建立起前瞻性的思维模式。

当然，成功的领导者必须先改变员工在只重管理的工作文化下所形成的思维模式。领导者只能鼓励员工前进，让他们敢于跳出思维定式，参与到企业目标驱动的过程中来。只有当员工敢于表达自己的意见和观点时，领导者才算成功。只有这样才能激发员工的创造力，使他们关注未来。

当员工关注企业的愿景时，他们才会始终牢记企业发展的意义。更重要的是，这种思维不同于管理思维，领导的过程不带有强制性，也不会设定明确的目标，更不会要求员工马上实现价值。相反，领导者将变化和干扰视为打破常规的催化剂，提倡工作程序的透明化，并鼓励员工有不同的工作方法。

如果有效领导的基础使员工具备这样的思维方式，那么领导的本质又是什么？创造性和前瞻性都是为了创造一个更好的未来，从而维护企业的整体利益。如果领导者能够让员工接受企业的意义，为企业发展所需要的变革积极思考与行动，那么这就是有效领导。所以，没有影响力的领导者难以实现任何变革，也无法为企业带来短期或长期的效益。

一些领导学学者用毕生的精力来证明影响力和说服力是保证有效领导的关键因素。[87]简言之，领导者之所以能成功实现企业变革，是因为他们能号召员工为了这个变革而努力。而管理者没有这样的影响力，相反，管理者必须采用强制性的手段，通过程序管理或行为准则规定员工做什么，并对此进行相应的评价。当然，领导者要用愿景和相关的价值观提升其影响力，需要与员工建立连接感。与管理者相反，对领导者来说，社交技能是一项必备技能。

为了与员工建立连接感，领导者必须确保员工对自己足够信任。当领导者有了明确的愿景，并希望员工协力实现时，他应从员工的角度出发，利用自己对员工的了解去说服他们，使员工相信这个愿景也代表其自身利益。如果员工意识到领导者关心自己的利益，认为自己的利益与企业利益一致，他们对领导者的信任感就会增加，领导者的影响力也会随之提升，这样才能保证员工接受企业的愿景。如此一来，领导者就可以进行改革，从而实现企业的变革。

当然企业的整体目标高于员工的个人利益，但领导者要掌握一定的窍门，不仅能使员工感到自己被企业所接纳，同时在企业内受到尊重，还要让他们明白，通过自己努力能够实现一个高于所有人利益的目标。这种目标就是领导者在愿景中阐述的目标驱动的方向。领导学学者B.M.巴斯（B.M.Bass）曾提出一个恰当的说法，他认为领导者"使追随者将集体、组织或者社区、国家或者社会整体的利益置于个人利益之上"[88]。

等级制未必全能使用算法

从关注点与工作方式上来说，管理者与领导者明显不同。简言之，管理者要关注当下，评价目标完成情况，以理性的刻板方式履行职责。这个过程始终如一，因此很容易被复制。而领导者关注未来要实现的价值，因此需要采取更加积极主动的方式。领导者主要依靠社会关系与员工建立联系，因此要采用侧重情感的方式与员工建立起独一无二的关系，这种过程不可复制。

通过讨论这些差异，你可能已经开始思考如何将算法置于企业的等级结构中了。在接下来的章节中，我会详细阐述这个问题，深入探讨怎样将算法纳入企业的管理体系与领导体系。

第五章
连接管理与算法

当今的企业已经变成无情的数据处理机器，因此大数据成为商业领域的时髦词语也不是巧合。管理者已经意识到，如果能合理地分析和处理海量的内部数据，就能提高收益与效率。因此今天的商业战略需要关注数据管理，同时配合循证管理。

当代企业越来越清楚，数据是绩效管理的重要组成部分。实际上，我们越来越关注数据，越来越多的人将数据称为"新石油"[①]。[89, 90]企业需要掌握尽可能多的个人信息，传达各种各样的目标，并及时评估这些目标。因此，持续评价和数据额外补充都已成为企业运转的寻常过程，它能为每个员工提供大量的数据集。今天的智能公司面临的挑战是如何管理这些数据集，并利用其价值出色地完成任务目标，提高业绩。

---

① 此处指数据成为像石油一样能够带来高利润的资源。——译者注

这一现实影响了我们今天的工作。一方面，由于我们越来越关注数据的获取，大部分人都忙于管理和更新自己的数据文件（通常是根据人力资源部门的要求），并记录自己从事的活动。另一方面，所有数据都需要定期提交给企业的内部系统，管理者会利用这些数据评估员工的业绩。这种工作方式显然会产生大量的数据，但对大多数渴望精通大数据管理的企业而言，这是智能公司不可或缺的一项策略。

此外，管理与提交数据的整个过程需要不断地予以评价和更新，也要耗费大量的时间与精力，这显著增加了企业管理中的官僚制度的层级。的确，对大数据的关注强化了企业内的官僚作风，再加上企业未必能高效地利用大数据，因此人们会怀疑数据的采集、评价和利用是否真的值得付出这么多努力。

如果我们认为全面的管理是企业健康与繁荣的关键，那么这种工作方式也有一定的优势。我们都知道，良好的业绩是企业在竞争中长期立于不败之地的关键。为此，企业绩效管理策略的基础，应该是对每个员工的数据进行更新、处理和评价。通过这种工作方式，管理者可以根据数据向员工提供反馈，这样的反馈更准确，因此也能更有效地提高员工的表现。今天，管理者面临的挑战就是如何充分利用数据来提高业绩。如果管理的目的是保证企业管理稳定性、秩序和一致性，从而尽可能得到最佳结果，那么处理数据就是优化企业管理的重要原则。

我要成为一名程序员吗？

读到这里，或许你会想，这些以数据驱动的过程非常理性并且始终如一（甚至可以复制），最终都能优化绩效管理。如果是这样，企业中以数据驱动的管理工作是否还需要人来完成？实际上，提到这个问题，你可能已经触及了当今自动化时代最重要的一个问题：管理工作能否由算法承担？

如果我们的目的是充分利用数据，从而以始终如一的理性方式完善绩效管理，那么人类可能不适合这项任务，特别是在需要处理的数据量不断增加的情况下。为了回答这个问题，我们有必要先了解算法的具体特征，知道其能如何更有效地帮助企业。

算法之所以是唯一适合数据管理工作的方法，原因有以下几个。第一，它收集、评价和整合数据的速度远高于人类。第二，它能以更加系统、理性的方式得出结论（不带任何情绪或意图），做出更加公平和准确的预测。第三，面对同一项工作，使用算法的成本低于雇佣人类员工的成本。

综合考虑这些原因，再加之任何企业都想降低成本、提高工作效率，那么算法似乎的确能取代人类管理者。算法完成任务的速度更快，成本更低，准确性更高。对所有致力于优化企业工作效率与质量的领导者来说，这似乎是一种理想情况。事实上，我们现在正逐渐把管理工作的范围缩小到行政管理和绩效管理上，再结合文献资料中对管理的定义（见上一章），我们似乎已经将自己置于一个可以轻易被算法取代的位置。因此，有人说管理者的末日即将到来，这并非危言耸听。

长期以来，我们一直在寻找理性的管理者，从这个角度来说，算法显然是我们要寻找的对象。此外，由于算法工作速度快，工作方式始终如一，因此它在充分利用数据方面的能力无与伦比。算法还擅长评估员工绩效，甚至能对此加以分类。这一事实自然没有逃过管理者的注意。近几年我在教授MBA课过程中发现，当学生们讨论未来工作以及人类和算法的作用时，他们几乎全都表现得焦虑不安。正如前面所述，MBA是教授管理学的课程。从理论上说，参加MBA课程的学生通过系统培训后，都将成为企业的管理人员，并且他们都认为企业管理过程要以理性原则为基础。因此，当这些学生意识到算法能更加理性地工作时，很多人就对自己的未来感到担忧了。

如果算法可以更好地执行商业战略，那么他们在商学院学习理性的商业战略还有什么价值呢？做一名程序员，然后把商业智慧赋予算法不是更好的投资吗？毕竟，他们可以设计一款算法程序，然后完全掌管它，而不是与它竞争理性程度的高低。

人类的直觉有用吗？

别担心，我在后面会解释，我们没必要都成为程序员。但是，我们的确需要用新方法培养商学院的学生，使他们更好地利用算法，更深入地理解算法对当今管理工作的意义。他们还需要知道未来所需要的主要技能，从而学习如何应对自动化管理的趋势。但是，在这之前，让我们公平一点，看看所有人是否都同意用算法取代人类管理者。

我们一开始的反应可能是，随着机器智能程度的提高（几乎每天都在提高），人类输掉这场竞争的可能性越来越大。因此，与其关注人类是否能接受算法在管理岗位上的崛起，不如将注意力转移到算法无法企及人类特有的能力上。这样一来，我们或许能更好地理解自动化将给企业的管理带来哪些改变，人类又将扮演什么样的角色。

因此，哪些特征是人类特有的呢？近几十年里，我访问了许多从事招聘工作的管理者，大部分管理者都提到了直觉的重要性。其中一些管理者已经形成了第六感，即当他们看到一份简历时，立刻就能感觉到这个人是否适合这个岗位。对长期从事招聘工作的人来说，他们的预测通常相当准确！管理者必须保证良好的企业业绩，因此他们必须招募合适的人才。事实上，招聘新员工并将他们安排在合适的岗位上，是管理者的一项重要的职责。如果人类的直觉能在这方面发挥作用，那么管理工作是否还能给人类留下一席之地？但在回答这个问题之前，让我们先了解一下什么是直觉。

直觉真的是一种神秘的感觉吗？如果你这么认为，那我只能遗憾地告诉你并不是这样的。行为科学已经证实，凭直觉做决策其实是训练的结果，这种训练可能连其本人都没有察觉到。你或许会说，这怎么可能呢？其实，我之所以强调长期从事招聘工作的人能凭直觉准确地预测出应该录用哪些应聘者是有原因的。招聘者日复一日地从事同一项工作，因此对各种情况都很有经验，大脑也已经经过训练，能立刻知道该做什么以及可能会发生什么。经过多年的训练，他们会有意无意地积累大量相关信息。因此若干年后，招聘者的直觉就像一台经过细调的机器——一个近乎完美的招聘工具。

但是，如果一个人参与招聘工作的时间较短，即使了解这项工作的要求，知道应考虑哪些因素，其直觉也不可能准确。因为他的大脑还没有经过足够长时间的训练，无法在无意识的状态下做出最佳决策。此外，即使是经验丰富的招聘者，直觉的正面作用也是有限的。的确，让这些经验丰富的招聘者在非专业领域的问题上迅速做出决策，他们的直觉也无法发挥作用。

人类的直觉是一个优化预测的强大工具，因此需要相关的专业技能，并需要长期训练加以完善。对于不从事招聘工作的其他人来说，直觉是一种潜意识的过程，其在所有的商业工作中同样发挥着作用。

　　我最喜欢用企业董事会的运作来证明这一假设。我常问参加培训的学生，在他们公司哪个团队几乎总是凭直觉做决策。他们一般都会回答是销售、研发、客户管理等部门。当我提到董事会时，有些人会惊讶地看着我，而另一些人则忍不住发笑，似乎立刻想起了董事会凭借所谓的直觉做出的错误决定。这很令人吃惊吗？

　　如果我们深入了解一下董事会做决策的过程，就会发现一个有趣的现象：在决策过程中，很多董事会成员极度依赖他们的直觉。有些人甚至直言不讳地说，他们的直觉是最值得信赖的顾问。因为他们认为自己借助直觉坐上了现在的位子，所以直觉能使他们做出正确的决策。因此，如果感觉某项提议不好，他们就投反对票；如果感觉某项提议不错，他们就投赞成票。他们如此依赖直觉的原因非常简单。在管理岗位上工作多年，他们已经有了做出各种商业决策的经验。见过了这么多商业决策的成果，他们打心底里认为一切尽在自己的掌握中。

　　大脑在这其中扮演了重要的角色。从某种程度上说，他们的大脑有意识地将职业生涯中获得的这类体验和信息都进行储存。所以，当了多年的董事会成员之后，当他们需要做一项最终决策时，大脑中储存的信息会通过直觉这一神奇的感觉告诉他们答案。正因如此，他们频繁地凭直觉做决定。而且，由于他们的确能感觉到直觉力（至少他们想象自己能感觉到），所以也信任这种感觉。

精密复杂的人脑，会执行任务的算法

利用直觉做出决策的过程告诉我们，人类其实也可以成为非常准确、可靠的信息处理机器，可以利用自己所掌握的知识作为决策的基础。果真是这样，我们为什么还要费劲儿地实现自动化管理呢？算法所做的不也是同样的事吗？

算法可以快速处理和分析数据，并将不同的数据连接起来，还可以自主学习（就像人类一样，无意识地处理以往经历，并向过去学习）。同时，算法还能用这种方式发现事物发展趋势，降低问题的复杂性，提高预测的准确性。人工智能的快速发展就是基于我们对人脑工作模式的深入了解。因此，算法显然模仿了我们所了解的人脑处理和分析信息的过程，唯一的区别可能是算法的工作速度快得多——人类显然需要数年时间才能拥有准确的直觉。由于算法模仿了人脑，那么我们想用算法完成人类的工作也不足为奇。在企业中，可以首先被替代的就是行政管理和绩效管理工作。

在讨论用算法进行管理有望取得多么了不起的成果之前，我希望大家注意，将人脑与算法做比较并不意味着人脑不够高级。当我们努力想复制人脑时，甚至会觉得这个器官没有什么了不起的，但我必须明确地告诉你：人类的大脑非常了不起！

如果我们和神经系统学家、心理学家或者脑科学家交流一下，他们都会告诉我们，大脑的工作方式是多么神奇与复杂。而实际上，我们今天的技术远没有发展到那么高级的地步。这一点在我们讨论技术能否真正理解人工智能运作方式的时候尤其明显。[91]进一步说，大脑如此复杂，以至于我们对其知之甚少。例如，我们还没有完全了解神经元电信号如何影响大脑功能，这是学习和联想思维过程的关键。除此之外，我们认识大脑内部运转的方法也有待完善。[92]

　　虽然我们对大脑的了解还远远不够，但技术突飞猛进，我们也逐渐从这些技术中获益。因此，这些技术的进步让我们开始认真思考自动化管理的问题。虽然我们还没有开发出能匹敌人脑的算法，但它的确能更快、更准确地完成很多管理任务。很多企业身处快速变化的环境中，在这种情况下，将一个人培养成一个完美的管理者，对大部分企业来说都是奢望。这些企业没有那么多的资源或时间慢慢培养管理者，只希望他们最后能交出完美的答卷。

　　而且企业为什么要那么做？仔细想想，如果用算法能更好地履行基本的管理职能，那企业还犹豫什么？以招聘工作为例，越来越多的证据表明，算法可以更出色地完成这项工作——尽管它没有人类管理者的复杂直觉。正如前文提到的，美国国家经济研究局已发表论文证实了这一点。他们研究了来自15家企业的30万名从事服务工作的低技能劳动者的雇佣记录。在这种低端服务行业，劳动者的更替速度很快（平均留用时间是99天），然而有趣的是，如果利用算法招募这些劳动者，他们的留用时间会延长15%。[93]这些调查结果清楚地表明，算法可以直接提升工作业绩。

显然，商业界也早已注意到算法带来的巨大的成本效益和直接价值。因此毫无疑问，这些明显的迹象显示出算法对传统的管理者的工作构成了威胁，于是自动化管理成为全世界的趋势。对于关注数据输入和维护的管理工作更是如此。在不久的将来，数据处理也有望实现自动化。

数据管理能帮助我们用正确的数据有效地协调项目，提升我们的业绩。有趣的是，调查显示，管理者平均会花54%的时间在这些管理工作上。[94]算法善于处理数据，因此人们理所当然地认为这些工作都会实现自动化。实际上，大多数商业领导者也都认为，算法将大范围地取代行政管理人员。这不仅仅是人们对未来的预测，而且是今天已经发生的事实。这样的例子比比皆是：例如，IBM的人力资源部门已经开始使用"天才华生"（Watson Talent）算法，以提升他们的工作速度、效率和质量。[95]

另一个自动化的例子是RPA（Robotic Process Automation，机器人流程自动化）。其利用软件算法精确地模仿人类完成重复性的任务，例如，将电子表格中的数据复制粘贴到另一个电子表格中。事实证明，算法能高效地完成重复性的管理工作，特别是人力资源管理方面的工作。例如，公司每次招聘新员工时，算法都能自动更新数据文件，包括职位的空缺信息等；在员工系统中为新员工创建账户；整合软件系统，以便不同部门获取新员工的数据；等等。这些例子都表明，当今企业的行政管理工作的自动化主要集中在简化重复性和常规性的工作过程。[96, 97, 98, 99, 100, 101]

区块链

没错，算法可以承担一些管理工作，但这并不能让其成为管理者。不是吗？也许算法还不是真正的管理者，但上述实例都表明，企业不仅仅是想建立自动化管理下的工作文化，而是已经开始行动了。

越来越多的证据表明，自动化操作除了能高效、快速地完成简单的管理任务之外，事实上，自动化管理的趋势将逐渐波及更复杂的工作，例如，对员工进行评估，从而使其实现更高效的协作和交流。算法不仅能用于记录和分析个人数据，还可以采集新数据，对在员工刚入职时所收集的数据进行补充，从而跟踪员工的表现。例如，算法可以监测员工花在互联网上的时间以及在公司内的工作记录，甚至员工健康信息。[102]

算法似乎担任了"老大哥"的角色，这也就是我们今天所谓的管理者，现代企业的管理者会评估和跟踪员工的发展与业绩。鉴于我们要将算法变成管理者（有些人可能会说是监视者），于是这一领域出现了一个有趣的应用，即用区块链技术管理企业劳动关系。

区块链通常被认为是支撑应用程序（例如，比特币）的根本性技术。同时，它也逐渐被视为能改变企业运作方式的技术。德勤事务所的最新调查指出了区块链的一项具体应用，即用这项技术履行基本的管理职能，同时能更有效地激发员工的工作动力。[103]调查显示，在来自12个国家的1386位高级主管中，有83%的人认为自己的企业将使用区块链。特别有趣的是，有86%的高管认为区块链技术可以应用于包括领导在内的管理工作中。那么，怎么用区块链技术实现这一目标呢？

区块链是由按时间顺序排列的一系列区块组成的分布式数据库，每个区块都是一个数据集。区块链会记录下同一互联网络中每个人过去的行为。因此，支持区块链的技术便构建起一个平台，这个平台能以透明的方式永久保存同一网络中所有个体过去活动的记录。这个网络的使用者可以是一个团队、一个部门，甚至是一家企业。数据透明性以网络内的交互历史为基础，因此区块链能够使各方相互信任。《经济学人》（*The Economist*）曾在2015年发表著名的封面文章《区块链：信任的机器》，将区块链称为"信任的机器"。由于人们认为区块链可以建立信任，因此让它管理企业内的行为也不无可能。

区块链之所以能够建立信任，一个关键因素在于它为使用者创造了无风险的环境。如果你可以掌握网络内每个人的过去，那么你被剥削的风险几乎为零。说到管理企业时，我们都认为区块链技术能够为员工提供保证（即一种可以验证交互是否安全的标记），从而加强员工之间的合作，同时保护他们的个人利益不被压榨。基于这种情况，很多人认为区块链可以掌控全局，那样有助于增强我们的安全感，进而增加彼此的信任感。这不就是管理者的首要任务吗？如果是这样，像区块链这样的技术确实很快就能成为管理体制的一部分。

算法管理

至于算法是否即将成为管理者这一问题，我们需要再回到管理的定义上来。正如前面阐述，管理的目的是维护企业秩序与稳定。根据我们最初的分析，算法似乎完全具备达到这一目的的能力。的确，诸多案例表明，算法能以更加专业且稳定的方式分析、评价和跟踪每一位员工的工作，并由此渗透到管理工作中。

今天，算法能够又快又准地了解员工，并对他们未来的行为做出有价值的可靠预测。如此看来，算法确实具备许多（即使不是大部分）管理工作必需的技能。至此我们可以说，算法管理已经成为现实，并且在未来劳动力的管理中，它的重要性会进一步提高；算法管理不再是幻想，其已经成为现实，并且可能持续下去。

让算法承担管理职能的第二步也已在准备之中。一开始，我们发现算法能够完成大部分的监测任务，但今天，我们面临着一个更加复杂的现实，即让算法承担实际的管理决策任务。随着科学技术的发展，算法可以进行自主学习（不需要人为干预和管理）的程度也逐渐增强，因此为了提高工作和生产效率，算法正逐渐取代人力。例如，算法逐渐承担起顾问的工作。它会针对员工对数据分析的解释，以及这些解释在决策中的意义给予反馈。例如，算法可以分析未来员工在企业工作中需要哪些技能，同时也能为员工的薪资水平提供建议。

这时候你可能会说：虽然在技术上算法的确有这样的能力，但我们因此就要接受它们的建议吗？正如前面所说，人们可以让算法做决定。并且在同样的情况下，人们甚至更愿意让算法做决定，因为在他们看来，算法没有自己的意图，因此做出的决定不存在偏见。

所以，总的来说，算法参与管理能给我们带来明显的利益。有趣的是，我们似乎也准备好接受算法做决策了。但与此同时，我们也要知道算法作为决策工具的界限在哪里。可是我们为什么要知道这些界限呢？算法帮我们做出更加客观的决策，使人类不必去做可能损害他人利益这种棘手的决定，这不是一件好事吗？

诚然，提高决策的客观性是一件好事。但是，如果我们让算法来决定对数据的解释，并且不仅仅是简单地听从算法的指导，甚至接受它的领导，却又不明白建议为何如此，就会产生风险。确实，如果算法可以自主学习并做出决策，而我们连做出某项决定的原因是什么都不知道，那就意味着我们把决策的责任交给了机器。

对一项决策负责，需要我们确保所有参与者的利益得到满足。换言之，决策的责任在于做出正确的判断，保证决策创造的价值能为他人带来福利。如果让算法做决策，我们就要确保它做出以人为本的选择，尊重人类的福祉，维护人类的利益。毕竟，如果算法发展到自我学习和做决策的地步，我们可以修正的余地便会很小，甚至没有。

算法领导的边界

基于以上理由，我认为，我们不仅要考虑算法在决策上的无限潜力，还要考虑给它的决策权设置边界。

算法很难从人类的角度出发，理解人类做决定时的深层情感。而且算法不仅不能真正理解人类需要什么，也很容易出现一些有悖人性的错误和偏差。因此，算法或许有能力做出最优的决策，但它缺乏同理心，不能理解作为人的意义，因此会忽视更加人性化的选项，增加出错的风险。

因此，我们要知道怎样合理地约束自主学习技术，也就是说，我们要给算法管理设置界限。虽然人类也有偏见，但我们毕竟能够意识到自己的偏见，并且会同情受到不公平待遇的人。因此，人可能会尝试修正偏见。但算法没有这样的同情心，它的决策能力更加精确，甚至更加高级，不会发现自己对人造成的不公。

的确，越来越多的证据表明，以算法为基础的决策会放大数据中隐藏的人类偏见。然而，人可以意识到偏见，但算法意识不到，因为算法通过观察和可见的趋势学习。算法意识不到这些趋势背后的含义和情感内涵，因此它也不会评估自己的决策，更不会在必要时撤回自己的决策。例如，亚马逊于2018年在招聘中启用算法时，便发现这种算法给白人男性的分数更高。

所以这个算法做出的决策更有利于白人男性吗？这怎么可能？这个算法其实是根据应聘者以往工作表现的数据，判断出在这些应聘者中白人男性过去的表现最好。我们都知道，在以前的职场中雇佣的大部分员工都是白人男性，但是社会的多样性准则已经发生了变化。人类有这种情感意识，但算法没有。因此，它们无法做出判断。当然，正如前面所述，人类也会做出不公平的决定，但人类可以从不同的角度创造意义，因而也可以找到补救措施。所以，当亚马逊发现了这个问题以后，因为无法简单地修正，便立刻停用了此系统。

那么我们应该给算法管理设置哪些界限呢？首先，很多（即使不是大部分）符合管理定义的管理工作都可以被自动化。我们要通过管理维持一个稳定的工作环境，而算法可以完成大部分这样的任务。这是否意味着我们就可以将管理和决策的责任完全交给算法呢？答案并非如此。从亚马逊的失败案例中可以看出，算法可以执行管理任务，但必须有人的参与和监督。

提高决策速度，增加决策的准确性，使决策结果具有可复制性，这对管理过程来说是锦上添花，算法正是能够完成这些任务的理想候选者。但是，当我们需要做出针对不同利益相关人的决策时，企业要认识到，对决策过程的解释比算法本身的能力更加重要。的确，我们应该将决策放在具体环境中，从不同的角度进行解释。因此，算法不可能承担其决策的全部责任，我们也无法实现全面的自动化管理。

关键是合作

算法管理已经成为现实，但它仅限于管理工作。此外，随着时间的推移，对企业价值没有影响的管理任务和决策工作可能也会交由算法完成。根据企业在市场中的不同定位，这些都能说得通。

可以试想一下，如果我们认为管理可以实现自动化，并且在这个过程中，我们也决定逐步向算法授予更多的责任和权力，那么最后所有人都会采用类似的方法处理数据。因此，我们做的决定会越来越类似，从而使所有的企业几乎变成了彼此的复制品。换言之，如果不加限制地以自动化方式运营企业，那么这些企业越来越相似。但是，商业的意义在于企业要根据各自独特的侧重点和策略，创造有别于竞争对手的价值。

如果我们担心管理自动化会使企业过于依赖算法得出的结果，那么我们便将企业置于了被动的位置上，认为企业只会无条件接受自动化管理者根据数据给出的建议。所以，被动消极的企业只会丧失创造性和前瞻性，不能为社会和它所服务的群体创造价值。实际上，如果企业以这种方式运营，与那些靠领导者妥善协调所有参与者的企业相比，它可能会丧失许多宝贵的优点，摧毁许多重要的资源（例如，合作、信任和自主的工作环境等）。

我近期的一项研究也表明了这一点。[104] 在一系列实验中，我们将参与者置于一个特定的工作环境中，并由一种自主算法对他们的工作表现进行评价。在这种环境中，企业的高层直接以算法的评估为依据，对参与者予以奖惩。在整个过程中，人类主管不会进行干预，也不允许参与者向人类主管表达自己的观点和感受。作为对照，我们还创造了另一个工作环境。它依然由自主算法对参与者的工作表现予以评价，但参与者可以和人类主管交谈并表达自己的感受。结果我们发现，同样是在自动化的绩效评估背景下，参与者认为有人类主管干预的环境更加可靠和公平，尤其是当这些主管表现得十分谦逊（并且受价值驱动）时。

这些结果表明，如果让算法参与企业的管理工作，并对员工进行绩效评价，需要有秉持严格是非准则的人类领导参与其中，才能给企业的整体运行营造公平感和信任感。

算法管理的事实已经充分证明，算法可以复制人类的管理功能，但同时它也为人的管理指明了未来。这个未来就在领导领域。当自动化程度提高时，我们对其他因素的要求也会提升：我们希望领导层能有明确的目标，在必须做决定时保持判断力，并能够认真思考所追求的目标。

数据当然重要，它能为我们提供有价值的指导，但最后做出战略性决策的还是人类领导者。得益于人类具备的独特能力，因此在最终确定企业方向时，人总会考虑企业、客户和社会的需要。在未来的企业经营中，越是让算法承担管理工作，我们就越需要由人担任的领导者来设置优先事项。这样一来，我们会看到一个与过去类似的现象，企业的运转需要管理者和领导者通力合作，打造出一条既有创新性又可持续的商业之路。

在当今的商业环境下，我们再一次看到了这种模式——算法负责管理，人类负责领导。这种现象表明，未来的企业经营将遵循合作的模式，由算法和人类共同创造价值。正如凯文·凯利（Kevin Kelly）在他的著作《必然》（*The Inevitable*）中写到的那样："这不是一场人类与机器的竞赛……而是一场完全由机器参与的竞赛。"[105]

第六章
算法与领导

　　企业由数据组成。高管们利用这些数据制定最符合企业利益的正确策略。正如前面所说，数据为王！

　　但数据能告诉我们什么？数据会说话吗？

　　是的，从某种程度上说，数据可以说话。如果说算法为我们提供了透明性，那么数据能让我们看到发生了什么。所以我认为，既然算法可以管理数据，那么它也能担任管理者。但是还有一个问题：通过管理数据使之透明，这可以视为领导力吗？用算法管理数据也能发挥领导作用吗？如果是这样，那么算法不仅能提供建议（基于数据分析），也能担任领导者，做出战略性的决断。

　　但我认为这不大可能。为什么呢？数据承载了大量信息，如果分析得当，我们能从中看出一定的趋势。从这个角度来说，算法可以扮演顾问的角色。但是，如果数据提供的信息需要根据人类的价值观和优先考虑的事项加以解释，并以此作为制定企业战略的基础，则完全是另一回事。众所周知，在日常生活中，我们已经形成了一套价值观，这些价值观可以帮助我们做出（艰难的）决定。在企业中，价值观也有类似的作用，它能帮助我们为企业项目设定优先顺序。正是对这些价值的追求，为企业的各项工作赋予了意义。

认为自己在做有意义的事，对我们的自我认知非常重要。有意义的经历能使我们的生活变得有价值，因此我们非常重视意义，也一直在追寻意义。所以，如果我们在生活的各个方面都努力做有意义的事，那么一定可以从中获益。其中之一就是使自己感受到本真。当行为能够体现自己的价值观时，我们会感觉接近自我，从而真正意识到自己就是我们想要成为的那个人。换句话说，我们做决策时，需要以真实的目标和价值为动力，因为这些因素对我们所做的事情非常重要，会让我们感受到真实。

随着算法逐渐承担起企业的管理工作，人们对这种真实感的需要会深刻地影响到由谁且应该由谁来担任领导者这一问题。的确，在有人类员工的企业中，任何决策最终都要保证其动机具有真实性（从人类的角度出发），而非来自人为创造并导演的"现实"。基于这一需求，在讨论自动化处理和决策时，我们使用"人工智能"一词，而讨论由人主导的处理和决策时，则用"真实智能"（Authentic intelligence）一词，这显然不是巧合。[106]

这两种智能的英文缩写形式一样，都是"AI"，但它们的含义却全然不同。虽然在团队和企业中，人工智能和真实智能都能发挥作用，但作用的程度不同，因为它们处在不同的权力等级上。换言之，人工智能可以推动管理，而领导工作则需要真实智能。

为什么领导者要有真实性？

学者认为，思考的真实性，即能够根据我们的价值观进行思考和行动，是有效领导的关键。原因是什么呢？这要从我们希望领导者推动变革说起。

我们都希望领导者可以鼓舞他人，使人们用自己的行动为集体创造价值。只有当领导者能够指出企业的方向（应该做什么），并解释其原因（提出具有吸引力的愿景）时，人们才能创造这样的集体价值。如果领导者具备这些能力，就能更加有效地激励他人沿着新的方向前进，在未来创造更多价值。有学者认为，领导者应该具备变革的能力，使他人愿意互相合作，进而带来变化。因此，激励他人追随自己的愿景，进而转变当下的形势，这是有效领导的关键。

最有能力实现这种基于过程的领导的是算法还是人？对变革型领导（被视为有效领导的典范）的研究或许能最直观地回答这个问题。实际上，最初关于变革型领导的阐述都强调，如果领导者想成功地激励员工创造价值，提高业绩，就必须重视自己的真实性。[107]

的确，大量研究表明，能以真实人类的方式行事的领导者往往为人真诚，以目标为驱动力，并能与他人建立良好的联系，从而通过努力实现企业的变革。所以，有效领导需要具有真实感的智能，去理解对人及其利益真正重要的因素，这种认识反过来又能激励他们做出价值驱动的变革。从这个观点来看，符合要求的似乎是人而不是算法。实际上，详细了解领导者在工作中发挥效用的过程后，我们会发现，算法存在一定的局限性，因而无法实现有效领导。

领导者通过价值驱动的方式影响他人，使集体受益并创造长期价值。如果领导者只提供事实，就不可能获得这样的影响力。有影响力的领导者会激励人们去行动，如果领导者的话和要求对他人来说是有意义的，他们就很有可能照办；如果呈现在面前的事实和愿景都是有意义的，他们将会积极行动起来。

为了获得这样的影响力，领导者要真正打动人们的内心，与他人建立良好的联系。因此，领导者首先要知道，为了成功，他需要做什么，需要改变什么。但是，要做出这些改变，领导者最重要的是与下属员工建立关系。为此，领导者要用下属员工认可的态度和价值观表达自己的要求。换言之，领导者知道企业需要做什么才能在竞争中取胜，但他必须为这些行为赋予意义，使之具有吸引力，下属员工才会采取行动。

心怀目标，展望未来

　　算法也许能针对目前的商业形势提供信息和建议，让我们推断出需要采取的措施，但它又缺失了很多能力。一方面，算法无法理解这些信息对一个由人类员工组成的企业来说意味着什么；另一方面，算法不能以真实的方式进行交流，因而无法鼓励他人做出改变。看一看领导者履行职责的环境，我们自然能明白这些人类的需求。

　　复杂性是当今商业环境的典型特征，它源于当今商业环境高度的模糊性和波动性。基于这些特征，领导者在管理企业时必须要保持敏捷的思维。领导者不仅要了解并适应正在发生的快速变化，而且要专注于企业的优先事项。换言之，领导者要理解并利用企业的目标，做出正确的战略决策，创造长期价值。108, 109

　　如果领导者只能根据市场变化的最新信息（可能由算法提供）做出相应的决策，那么我们不能称这个过程为领导，只能称其为管理。只有当领导者真正理解这些市场信息，并根据企业的目标做出回应，这个过程才叫领导。也就是说，即使通过分析发现企业应该进行变革，但它不符合企业的价值观和参与者的利益，领导者也可以拒绝接纳这个建议。基于这一思路，领导者才能与员工建立起联系。

　　的确，为了给必须要采取的行动赋予意义，领导者要理解短期挑战，并从全局出发，对企业的目标和所有参与者（包括员工）的利益负责。当领导者能够同时关注事实与情感时，才能真正地鼓舞人心。算法具有这些能力吗？

算法可以在第一步给予帮助，即准确提供有关实际情况的最新信息，甚至让我们知道这些信息对决策的意义。但是，分析企业及员工为什么重视某些价值观，并在此基础上做出真实的选择，确保员工能遵循领导者的指示，这完全是另一回事。

诚然，算法可以根据数据做出非常准确的预测，但是，如果这些预测成为决策的唯一依据，那么这个决策只能解决短期的问题。有效领导带来的变革能够为企业创造长期的价值，它们不仅能应对问题，更主要的是，它们会主动出击。[110]积极主动的思考需要将分析（了解和理解事实）与从当下和长远角度进行的思考相结合，设想可以创造的价值。

想象力、基于价值的思维和战略性的愿景（从短期与长期的角度考虑不同的参与者）等特质，能帮助领导者与员工建立联系，这种联系能使员工接纳领导者提出的变革。的确，在一个多变的环境中，如果人们决意跟随一位领导者而非管理者，那么他们就要离开自己的舒适区，同时心中也会产生不安和焦虑等消极情绪。

领导者必须有同理心，意识到员工可能出现的这些情绪。因此，他必须帮助他们保持积极的工作状态。为此，领导者必须设身处地地考虑这些情绪的变化。[111, 112]

研究表明，我们普遍认为算法不具备这些能力。[113]在一项研究中，我们要求参与者对人和算法的特质分别进行评价，以了解人际关系的意义。研究结果发现，参与者认为人更有直觉力，更能站在他人的角度上采取相应的行动。而算法在这些方面的能力较弱，主要因为它是理性的决策者，不具备任何直觉力。

领导力的关键是与他人建立联系

这些研究结果表明，算法无法像人那样与他人建立联系。与人联系需要具备真实的感觉，即理解对方的情绪和价值观。算法缺乏这些社交能力，这进一步强调了一个事实：算法是非人类的事物，因此无法以真实的方式行事。尽管这是一个简单的结论，但它给算法能否承担领导工作这一问题提供了重要的启示。

只有能够感召他人的领导者才能实现有效领导。从本质上说，真正的领导力是与那些预期中的下属建立联系的能力。事实上，算法不具备这种能力，因此无法成为领导者。更重要的是，领导者必须对其员工的利益负责，因此很多人认为，让算法做领导者是一个可怕的想法。

对他人负责意味着你要从道德上评估和理解他人的利益。如果你想成为领导者，就要有道德上的直觉。研究表明，我们认为扮演领导者角色的机器不具备这些特质，因为算法没有完整的心智。[114]或许你会好奇，完整的心智具体指什么呢？

为了解释这个问题，让我们先看看有关道德的研究是如何定义人类心智的。前文曾简单解释过，一系列研究证明，人类的心智有两个方面，分别是能动性和体验。[115, 116, 117, 118, 119, 120]能动性是行动、计划与自控的能力，而体验是感受和理解事物的能力。

算法可能具备一定的能动性，但这一点仍然存在争议。例如，欧盟发表了《可信赖的人工智能伦理准则》，结果却遭到抨击，人们认为人工智能不可信赖，因为它不具备能动性。通过对信任感的研究，我发现这种观点并不完全正确，因为我们似乎很乐意放手让算法做它最擅长做的事，即理性、快速、准确地分析数据。[121]从这个意义上说，算法是可靠的，但这并不等同于它值得信赖。要想获得他人的信赖，还应该做到诚实正直，关心他人利益（关于如何建立一个值得信赖的形象，请参阅本书第九章）。

但是，就我们现在开发出的算法来说，有一件事是确定无疑的，那就是它们没有体验的能力。由于算法不具备人类的完整心智，所以，如果让它对影响各方利益的问题做决策，我们会感到不安。我们希望让具备真实能力、能从人的角度出发，且有智慧的领导者来做这样的决策。

遭遇失败：原因何在，能否亡羊补牢？

这是否意味着，与算法相比，人类能无可挑剔地顾及他人的利益呢？当然不是！我们都知道，人会做出道德上的误判，从而做出不道德的行为。但与算法不同的是，我们认为人类具有能动性和体验。因此，我们相信人比算法更善于修正错误。当他人遭遇恶劣的对待或者利益受损时，算法无法真实体会他们的感受，再加上算法不能站在他人的角度看问题，无法从有益于他人的角度做决策，因而也被视为缺乏领导能力。

让我们再回顾一下亚马逊用算法进行自动招聘的试验。这个案例说明，他们所使用的算法复制了人类的偏见：认为男性比女性更适合从事软件开发工作。正如前面所说，并非只是算法，人也会做出这种不公平的判断。但区别在于，人能意识到招聘中的这种偏见会给社会带来的后果。因此，关键问题是算法能否意识到这些后果中存在的风险。显然，它们不能。算法不会说："等一下，我的决策带来的结果是你们希望在企业乃至社会中看到的结果吗？"因此，它需要人为干预才能改变选择过程。

这个例子表明，如果我们决定用自动化技术来领导企业，其后果几乎必然令人难以接受。算法可以使数据透明化，甚至能提供建议，但我们不能让它掌管决策过程。

这一切都表明，算法能够管理对指令（价值驱动的）的执行，但不能发出这样的指令。如果算法的应用能够遵循这一原则，我们就能将注意力放在更加复杂和更高层次的任务上。这样一来，我们的职场也能更好地培养道德意识、创造力和创新精神。归根结底，这就是领导者该做的事！

这么做有意义吗？

结论表明：在当今世界，尤其是在未来，领导力在真实的人类智能的驱动下才能发挥作用。遵循这个结论，我们需要知道这种智能具体包括哪些方面。换言之，人类有哪些特有的能力，可以让他们毫无争议地成为未来企业的领导者呢？

如果说其中有一项能力满足了未来领导者核心职能的要求，那么这项能力就是意义建构。当今和未来的企业将面临非常复杂的形势，加之市场动荡，这就要求领导者必须快速准确地做出决策。为此，领导者必须为企业的目标进行意义建构，并解释为什么（目的）以及如何在这样的商业环境中实现目标。

领导者要对他们所领导的企业进行定义。因此，他需要明白自己在做什么，更重要的是明白他为什么这么做，这有助于员工理解尚未制定正式规则的复杂形势。我们都知道，一旦事情变得复杂，处理起来会更加困难，我们就会寻求权威的指导。我们在童年时会这么做，工作中依然会这么做。人类天生就会在遇到困难时寻求领导者的帮助，所以领导者显然比一般人承担的责任更大，因此，道德意识必不可少。但是我们经常听说，当领导者坐上这个位子之后，他们会更多地考虑自己的权力，而不是这个职位带来的责任。[122]

领导者应该为员工提供指导，但前提是他们能够为自己的员工创造有价值的东西。因此，对未来的领导者来说，意义建构是一项重要的能力，它符合使我们成为人类的内在欲望，从这个角度来说，意义建构为我们的生活增加了价值。人类的哪些特有能力可以帮助我们理解事物呢？人类大脑中有两千亿个神经元，它们由一万个突触连接，即使用今天最先进的技术也不可能全部复制，而这样的大脑到底具备了哪些技能呢？[123]

将复杂的情况进行拆解以便于他人理解的过程意味着我们的大脑有十分复杂的运作方式。领导者需要提出不同的观点，明确这些观点对员工的意义，并从全局出发，创造性地提出能够创造最大价值（不仅能带来经济效益，还能实现目标）的解决方法。

各种能力之间复杂的相互作用，是人类技能组合的生动写照，这种技能组合十分契合世界经济论坛于2016年提出的应对当今技术革命所需的技能。《未来就业报告》（*Future of Jobs Report*）强调，在不久的将来，人类必须有能力解决复杂的问题，具备批判性思维，富有创造力，且具备管理能力。

意义建构所需的能力

各种能力间相互作用，实现意义建构，这一点只有人类领导者才能做到，这些能力也构成了未来领导者必备的技能组合。但是，这些能力为什么如此重要呢？

要理解这些能力对未来领导工作的价值，我们要先理解领导者形成意义建构能力的心理结构，这个结构又包含许多特定的能力。那么，每一种能力又是如何提高领导者的效能的呢？为了更有效地指导未来的领导者，我们必须了解这些能力，它们与创造意义的综合能力同样重要。那么，我们要从哪里开始呢？首先我们要知道，这些能力并非在同一心理维度上发挥作用。具体来说，每一种能力都综合了创造意义（动机）、思考意义（认知），并察觉意义带给人的感受（情感）。

这些心理维度使人在行为复杂性方面有别于算法。的确，正如前文所述（参见本书第一章有关图灵测试的内容），算法做决定（并由此表现出的行为）的方式更加简单。它只以一种特定的方式进行推理，即根据观察到的内容进行学习。换言之，算法会学习通过数据分析得出行为趋势的程序，然后对此加以复制。

例如，芯片制造商英伟达（Nvidia）引进了一种基于算法的实验车辆，它通过观察人类的驾驶方式自学驾驶。这也就是我们所说的，算法通过行为观察进行学习，然后对最常见的行为进行复制。但算法不会思考，也不会从动机或情感的角度分析驾驶对于司机的意义。

英伟达的例子证明，算法无法进行深层次的思考，这种思考需要将动机、情感与认知分析综合起来，从而了解事物的规律。人在学习时，大脑中神经元与突触会进行复杂的相互作用，与之相比，算法的学习方式则更加简单。因此，算法以一致性和可复制性为原则，产生的行为和决策更加理性简单。

高效能领导者必须要知道，每个人都是独一无二的，但又渴望与他人建立联系，并受到与他人一样的待遇。这种复杂性要求领导者在做判断时要结合情感、动机与认知，并采取相应的行动。我们希望21世纪的领导者能具备这种思维方式。这意味着未来的领导者需要以人为本，能够具备批判性思维、好奇心、敏捷的反应、想象力、创造力、伦理判断、情商、同理心和伦理判断。

图1说明了不同心理层面上（动机、认知和情感）的多种能力如何作用于领导者的意义建构。接下来，我将详细阐述每一种能力。

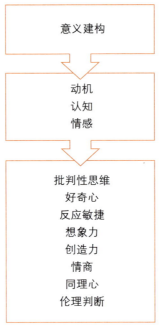

图1　未来领导者进行意义建构所需要的能力

批判性思维

面对复杂的形势，我们要判断出企业的机遇所在，应该将重点放在哪里？需要哪些信息？可以忽略哪些信息？

显然，在这一方面，算法可以为我们提供帮助，它能更加快速地收集数据并加以分析，它是复杂信息的管理大师。但是，关于数据，我们要考虑的远不止这些。我们还要考虑要努力实现的目标是什么，哪些数据能有益于我们创造机遇从而实现目标，等等。

算法根据运算法则运行，因此我们需要为重要的事物分配更高的权重，反之则分配较低的权重，从而将数据加以分类。最终的目标是为算法进行的数据搜索及随后的分析过程赋予意义，因此我们需要领导者来思考这个关键问题，但这还不是批判性思维的全部内容。

找出相关数据之后，我们还要根据商业环境的需求，应该从制定的战略的角度分析这些数据。因此，尽管我们有自己的目标和对现实的认识，但外部世界也有它特定的需求。为了使企业能够长久发展，我们必须考虑到外部现实。

这就要求领导者将思考的范围扩大到现有数据之外，并构建他人（例如，竞争对手）看不见的联系。此外，领导者还要从逻辑上进行思考，评估结果（在一个竞争激烈、要求严苛的市场环境下取得的）与他期望实现的目标之间的相关度，并解释其原因。这种思考的逻辑性必不可少，因为并非每个成功的商业方案都是正确的。最终的商业方案要最大限度地实现目标，而每一家企业的经营目标未必一样，因此它们不一定要创造同样的价值。算法不能与为人类生活创造价值的事物建立情感联结，因此也不会进行这样的分析。

最后，不仅领导者要发挥批判性思维，整个企业的工作方式也应接纳批判性思维。领导者要树立榜样，并向员工灌输能使企业获得认可的价值观，以此来建立企业文化。从这个意义上说，如果领导者具有批判性思维，那么企业员工也具备同样的能力。我也会在后文谈到，员工将与算法结合，以提升工作效率，因此他们要像领导者管理企业方向和目标那样来管理自己的工作进程。

好奇心

批判性思维与人类的另一个内驱力（认知）有关，即好奇心，它是当今管理学的一个时髦新词。实际上，好奇心也是一项领导技能，很多商界领袖将其视为当今多变的商业环境下必备的一种素质。

领英①（LinkedIn）负责人才解决方案的副总裁兼销售主管丹·夏皮罗（Dan Shapero）在一个访谈中简要解释过这个问题。他说："领导者无时无刻不在接收数据，他们要理解和解释这么多数据，必须学会排除其中的干扰信息……他们还要学会提问，关注这些数据对企业、客户和团队的意义。因此那些受好奇心驱动的人格外珍贵。"[124]

有求知态度的企业的确业绩更佳。好奇心能有效预示员工的业绩，它与批判性思维结合起来，可以成为人类的强大武器，为企业创造价值。值得注意的是，有研究发现，对事物普遍具有好奇心的人，比只对某项特定事物有好奇心的人更容易成功。

美国宾夕法尼亚大学沃顿商学院亚当·格兰特（Adam Grant）教授在他的著作《离经叛道》（*Originals*）中详细解释了这个关于普遍、特定的问题。他指出已有研究表明，与大部分科学家相比，诺贝

---

① 一个面向职场的社交平台。——编者注

尔奖获得者对他们专业领域以外的事物可能会抱有极强的好奇心。他所引用的这项研究以1901年到2005年所有获得诺贝尔奖的科学家为研究对象，调查了他们的兴趣爱好和创造性的自我表达方式。结果令人意外——对艺术、音乐等有浓厚兴趣的科学家，获得诺贝尔奖的机会是其他科学家的22倍。

这些结果说明了什么？其证明具有广泛的好奇心而不是只对某一专业领域的好奇决定了一个人的成功。这种广泛的好奇心会使人更加细致入微地观察周围发生的事情，正因如此，好奇心强的人才会将思维发散到他们看不到的地方，并想出更有创造性的解决办法。

如果领导者没有好奇心，就难以进步，还会忽略能帮助他们成长并提升企业效率的有用信息。根据《剑桥词典》的定义，好奇心是指渴望了解某个事物的心理，它会促使一个人去学习，激励他从生活的各个方面（包括心理层面和身体层面）提升自己。

为什么好奇心能促进人的学习呢？因为好奇心能让人跳出思维的桎梏，注意到一个问题存在多种解决办法。"办法不止一个"这种意识激励着人们寻找新办法的可能性，探索不同的决策方法，挑战根深蒂固的观念。好奇心从根本上挑战了现状思维，也许管理者用不着它（参见本书第四章），但其绝对是领导者必不可少的一种能力！

所以结论显而易见：好奇心帮助领导者成长，激励他们学习新事物，从而成为更有创造力的决策者。好奇心是来自个人内部的驱动力，因此，要提升这种能力，我们只能依靠自己，没有人能帮我们增强好奇心。众所周知，面对复杂且不确定的情况时，人的内心会紧张不安，因而会感觉不适。由于每个人调节紧张的方式不同，所以我们要么从中获得成长和进步，要么丧失勇气，最终原地踏步。而决定我们是前者还是后者的，就是好奇心。

为什么呢？当我们有好奇心时，会发现自己一无所知。但幸运的是，我们也会发现自己还有许多学习的机会，关键是能否把握住这些机会。在这样的探索过程中，我们或许会找到一种适合自己，让自己感到舒适并获得成长的解决办法。当我们拥有开放的心态，渴望以不同的方式解决问题时，想象力也会随之而来，它能帮我们找到创造性的方法来应对商业挑战。只有我们具有批判性思维与好奇心，才能在问题面前做出敏捷的反应。

反应敏捷

有一条著名的商业定律是这么说的：世上唯一不变的就是变化本身。的确，现在商业形势瞬息万变，随之而来的是各种各样的期望和需求。企业必须快速适应这一情况，同时又不能忽视自己的目标。随波逐流对任何企业都无益，只能使其沦为一家丧失方向与目的的公司。要避免这种命运，企业必须有反应敏捷的领导者，他必须迅速想出新策略以应对变化，推动企业变革。为此，领导者需要从战略上进行思考，使企业既能坚持目标，又能适应新的商业要求。

反应敏捷是人类特有的典型能力，算法不具备这样的能力，游戏行业能充分反映它在这一方面的局限性。算法可以学会玩《星际争霸Ⅱ》（*StarCraft Ⅱ*）这样的电子游戏，甚至能打败最顶尖的电竞选手。但是，只要我们改变游戏中的一个参数，算法就很难立刻做出相应的调整，从而败下阵来。算法无法跳出一种情况，然后立刻进入另一种完全不同的情况。而在多变的商业环境中，企业经常要面对各种变化，如果领导者无法迅速反应，企业将难以为继。

与好奇心一样，领导者要获得敏捷的反应，需要有开放的心态，这样才能迅速认识到旧办法已经失效，必须找到新对策。要找到新的应对措施，就需要敏捷的思维。敏锐的领导者能够从不同的角度看待变化，再加上他们怀有好奇心，能干劲十足地寻找应对挑战的方法。

从不同的角度看问题，说明领导者具有想象力，可以发现尚不存在的新的工作方式。因此，领导者要保持好奇心，听取不同的观点，而这些又受想象力的驱动，更复杂的是，这个过程还要快速顺畅。为了达到这种状态，领导者需要进行自我训练，练习从不同的角度看问题，不断反思（考虑多种选择），综合考量（将不同的观点结合起来，根据实际情况找到最合适的应对措施）。

想象力

变幻莫测的商业环境，促使我们要用全新的、不同的工作方式进行应对。同时，我们还要坚持那些能驱动自己追求业绩的价值观，因此，我们不能妥协，要使自己的价值观适应新环境。这个过程之所以如此复杂，难以实现，是因为它需要的决策和行动尚不存在。我们要靠大脑模拟采用新的商业模式和战略后可能取得的成果，这种独特的能力就是想象力。当我们正在寻找看不见或尚不存在的东西时，最需要这种能力。

为了能在大脑中完成模拟，我们需要具备多种能力。我们要了解游戏发生了哪些变化（批判性思维），激励自己寻找新的应对措施（好奇心与敏捷的反应），然后将我们现有的信息与成功应对新挑战所需要的其他信息结合起来。这种将已知事物与未知事物结合起来的能力就是想象力。

从本质上来说，想象是一个填补空白的动态过程。也就是说，我们所掌握的信息之间存在空白，我们需要用其他新数据来填补它，从而构建另一种更加全面的工作方式。[125]需要注意的是，想象的过程说明，为了找到新的信息，我们必须跳出长期使用的框架。当我们将两种信息（已知信息和未知信息）放在一起时，不能简单地延续以往陈旧的工作方式，而是要根据眼下已经发生变化的现实，选择合适的新方法，从而达到"1+1=3"的效果。现在人们越来越重视想象的过程以及激发想象力的方法，因为显而易见，想象力是创造力的决定性因素之一。[126]正如《美国传统词典》（*The American Heritage Dictionary*）所载：想象力能够提升人们"用创新思维解决问题"的能力。

创造力

没有想象力何谈创造力？对大多数人来说，想象不同的现实是一件趣事。面对压力时，我们常常会退回自己虚构的世界中，想象另一种现实来安慰自己。人类能够靠幻想获得愉悦，这是人类独有的能力。同时，想象对创造力的发挥非常重要，是人类与算法的重要区别。爱因斯坦曾经说过："创意是智慧在找乐子。"这句话的意思显而易见，算法没有创造力，因为其所使用的模式识别和曲线拟合两项技术都无法探索尚不存在的现实，因此算法无法像人类那样解决创造性问题。

创新的过程需要想象力。当我们要提出新的观点和解决办法时，需要发挥创造力，但首先我们要发挥想象力，从不同的方面来看待现实。当我们从不同的角度看问题时，或许就会找到解决问题的新办法。因此，创造力被视为推动企业生产力发展和经济增长的关键因素。[127]但是，我们发挥创造力得出的解决方案不仅要新颖，还要有效果，这对处在快节奏商业环境中的企业来说至关重要。[128]人类能为任何事物赋予意义，所以我们要强调创造性的解决方案必须是有用的。

创造性的解决方案要解决阻碍我们实现目标的问题，并取得与目标相符的结果。创造性的解决方案与人类希望创造的价值密不可分，因此在迸发出创造性的想法之前，我们的身体、情感和精神都会经历一个顿悟时刻。创新本身是一种深刻而真实的体验，因此在约束下的结构化模式中，人们无法进行创新。尽管算法在努力模仿人脑，但它只能在一套明确的运算法则下运行。它的工作方式效仿了计算主义的观点，将人脑的工作方式与相关的思考过程简化成随意的行为。[129] 算法的形式主义没给混乱留出任何余地，因此也考虑不到人类创造性的表现。

这是否意味着算法对创新过程毫无助益呢？也不是。如果查阅科学文献，我们会发现创意形成的两种路径：灵活性与持续性。[130] 灵活性与开放的心态有关，能帮助我们采纳不同的观点，避免以一成不变的方式看问题，并将不相关的理念和观点联系起来。持续性则更注重结构化，包括勤奋工作、系统思考和探索，并以线性增长的方式积累知识。

这些过程都表明，人与算法存在一定的相似性。算法可以理性、系统地处理大量数据，进而生成浅显易懂的信息——这种工作方式具有持续性。而人类则可以应对更加无序的状况，将情绪与思想结合，脱离惯常的工作方式，这些能力可以避免思维僵化，使思考更加灵活。

科学界的这些观点说明了什么呢？一方面，创造力的定义表明，创造性的结果依赖于灵活性，因为一个有创意的解决方案需要一点新东西。因此，真正创造性的解决办法往往需要人类的参与。另一方面，由于算法具有持续性，有助于收集数据，并将其处理成易于理解的信息，因此它也能为创新的过程提供帮助，继而影响人类，使之形成无序的、不可预知的处理模式。[131]

情商

处于领导层的人都知道，他的决定会从多方面影响他人和自己。过去10多年里，社会要求企业和领导者善于培养员工，并具备同理心的呼声越来越高。对领导者来说，这意味着他们要同时考虑自己和他人的情绪，因此他们应该具有察觉情绪失常的能力。这种能够察觉情绪（包括自己的和他人的）并将情绪调整到积极状态的能力称为情绪智力（Emotional Intelligence），简称情商（EI）。[132]

由于人们渴望在企业环境中培养感情，因此据估计，未来对情商的要求会比现在提高6倍。[133] 人们已经清醒地认识到，商业环境会增加人们的生活压力。尽管有了这样的意识，但企业尚未采取积极的应对措施帮助员工提升和利用情商。这一点可能让人感到意外，因为在职场上，情商有诸多积极的作用。

研究表明，人们一直认为，高情商员工对工作更加投入，业绩更好，也更易相处。[134] 这再一次证明，情商是一项宝贵的社交技能，因为它能帮我们用最理想、最有益的方式与他人沟通。的确，情商可以帮我们理解他人，让我们站在不同的角度看问题，约束我们与他人的社交。高情商的人也有较强的自我意识（他们了解自己的优势与弱点），也能意识到自己的情绪并加以控制（例如，将恐惧当作动力，而不是任由它摧毁自己）。因此，高情商的人能正确处理自己的情绪，并以这种能力为优势，提高自己的效率与业绩。

如果算法成为"新同事"，我们要学会与其合作。的确，新技术能逐渐将常规任务自动化，最后达到在管理岗位上做决策的水平。因此很多科技公司都希望给人工智能加入情商。

如果我们能够做出有感情的人工智能，那么领导层或许也能实现自动化。根据我们的预测，如果让算法具备一定的情商，未来的工作环境可能会因此改变，效率也能得到进一步提升。此外，由于很多工作逐渐实现了自动化，从某种程度上来说，员工也会被迫重新形成自己与他人沟通的能力。

的确，由于算法承担了越来越多的分析性工作，因此那些与人打交道的工作更需要由人类完成。例如，在金融业，银行逐渐用算法取代了人类员工，尤其是从事机械性工作和计算工作的员工。这个趋势十分明显，因为现在的人工智能发展迅速，数据分析和处理可以轻松实现自动化。因此，今天的一些银行家会自豪地宣称，他们的企业不再是银行，而是有银行执业许可的技术公司，这也说得通。基于这样的发展，人类员工必须关注算法无法完成的工作，即情感工作，完成这类工作的首要条件就是具备社交能力与情商。[135]

这种变化在招聘启事中越来越明显，银行也会强调他们需要有良好社交能力的员工。实际上，研究发现，企业的自动化程度越高，大客户就越需要面对面的交流。因此，客户关系管理将成为金融业内的一项重要工作。类似地，劳动力管理也需要人类管理者的参与。这没什么好惊讶的，因为在一个技术驱动的环境中，员工与客户需要加强沟通，这是一种正常的人性反应。

因此，人和算法将各司其职，但最终他们会互相合作，创造价值。从这个角度来说，开发能够处理客户与员工情绪问题的算法，对企业大有益处。但是，看一看当前的形势就会发现，机器不能识别人类隐藏的情绪。它们或许能识别某种情绪，但不能理解人们表达这种情绪时的真实感受，也不懂其真正含义。此外，研究发现，算法感受不到真实的情绪，因此也无法真正理解他人的感情。[136]换句话说，现在尚不可能开发出有情商的算法。所以，算法和机器还不具备人的特质，尤其无法像优秀的人类领导者一样尊重他人，与他人共情。

同理心

情商是人的一种情感认知的能力。但我们为什么要意识到他人或自己的情绪状态呢？这是为了与他人沟通并与他人建立联系。那么只要有情商就能建立关系吗？答案是不一定，我们还需要别的东西。具体来说，我们需要的是一种更深层次的能力——同理心，这是一种理解他人情绪的能力，会思考诸如"情绪表达背后的感受是什么""为什么他会有这些情绪"等问题。因此，具有同理心的人能更好地理解他人，理解他人所经历的快乐与痛苦。

我们认为，同理心是人类专有的能力，它能让我们接纳另一个在情感上既有优点也有缺点的人。而算法依据明确的运算法则运行，旨在优化结果，因此它们在工作时无须深入挖掘数据背后的东西。因此，算法无法更深入地理解外部环境，更不用说接受外部环境了。

美国斯坦福国际咨询研究所（Stanford Re-search Institute International，SRI）信息与计算机科学总裁比尔·马克（Bill Mark）曾参与苹果智能语音助手Siri的研发。他对算法的局限性做了充分的解释："我们对情绪是如何产生的了解得还不充分，因此也无法开发出能真正理解这一点的计算机。要使人工智能具有同理心，就更加遥不可及了。"因此，如果人和算法之间没有同理心，那么两者之间很难建立相互信任的合作关系。毕竟，同理心需要双方体会彼此的感受，才能互相产生信任感，使双方更真诚地照顾彼此。

伦理判断

使用算法可以显著提高经济效益，因为它能大幅削减成本，但前提是算法的能力与我们对它的使用相匹配。例如，重复例行工作、保持一致性和可预见性、解释数据等，这些它都做得到。但是，企业经常要做更加复杂的决策，必须要谨慎对待其他参与者的利益和价值观。

从这个意义上说，我们需要对很多商业决策进行评价，判断其是否符合重要的道德准则。商业领导者要意识到商业决策本身可能造成的道德困境，并判断如何脱离这些困境。确切地说，要做出符合伦理道德的决策，领导者必须进行伦理判断，而这正是人类的拿手绝活，算法对此无能为力。由于算法没有同理心，人们认为它不具备人类的全部能力，因此它也很难做出道德选择。[137]

从理论上说，我们可以给所有机器设置一套伦理准则，阐述明确的价值观，让机器按照这一套价值观来运行。但是，这样一套价值观对算法来说真的有意义吗？算法能够理解一条伦理准则对个人、企业或整个社会的意义吗？对人类自己来说，要掌握价值观的真正含义，并将它们纳入自己的行为体系中都不是一件易事，所以对于没有同理心的算法而言，怎么可能轻轻松松地理解这些价值观背后的含义呢？如果算法无法想象和理解普遍权利对人类的真正意义，它又如何决定人类的普遍权利呢？

算法可以学习，也可以通过互联网了解人们的伦理观，并将其应用于自己的行为中。但是，这些学习都是抽象的，并不能让算法明白伦理观对人类的重要意义。也就意味着，即使算法可以从互联网上下载一套道德准则，它也理解不了其真正的意义。因此，无论算法多么善于处理数据，也无法改变所有的技术都是中性的这个事实。技术没有感觉，没有同理心，不能理解道德决策对各个利益相关者的意义。

因此，算法不能进行伦理判断，不适合做领导决策。此外，道德是一种真实的感受，为人类与人类社会独有，因此我们认为，只有人类的伦理判断是合理的。实际上，有研究发现，人们认为算法（与人类相比）所体现的道德真实性更低。[138]

那么，为什么人类更适合做道德决策呢？与算法相比，人类具有道德意识。道德意识可视为人类与生俱来的对外界的敏感和反应，人类能够意识到一个特定环境中包含的道德成分。[139]人类要获得这种意识，需要先了解所有利益相关者的需求和目标，从而判断是否存在利益冲突。

显然，这种意识的形成需要经过一个复杂且完整的推理过程，而算法做不到这一点。道德意识对伦理分析、判断和最终实施都至关重要。[140]也已经有研究发现，伦理判断的确影响着人们的道德意图和行为。[141]伦理思考的能力与根据相应的伦理判断采取行动，两者之间的联系为人类所独有，这是我们与算法的区别。

如果领导者能够充分考虑某种情况下的伦理标准，他们也能更深刻地理解这种情况。当我们认识到某种情况下的伦理需求之后，就能清楚地理解这种情况的意义，继而做出合理的回应。为此，领导者需要向我们解释这种情况下的道德准则和预期，说明我们应该采取的行动。[142]因此，领导者应该做的是向下属传达道德期望，指导下属并鼓励其贯彻企业的价值观。

这些做法都清楚地表明，由于道德的复杂性，我们无法将商业任务简单地转化成算法的工作。简而言之，据目前所知，算法存在两个大问题。

第一个问题是伦理存在多种多样的哲学视角（例如，正义、相对论、利己主义、功利主义和义务论等），这些都会影响一个人的伦理判断。事实表明，人类对伦理道德的理解也存在着内部差异。例如，有些人认为无论什么情况都不能说谎，而另一些人则认为，如果能避免对他人造成伤害，说谎也是可以接受的。为什么这会成为算法的伦理发展的问题呢？假设我们要开发一个自动化的工作场所，各个岗位的算法都以相同的方式运行，这需要算法以相似的方式定义伦理。因此，为了使算法能达到这样的发展阶段，人们要先统一道德准则。显然这不可能做到。

第二个问题则使事情变得更加复杂。由于算法没有同理心，也就毫无道德意识。所以，在有多个相关利益者的情况下，算法无法做出伦理判断和决策。

这些约束条件使算法无法进行伦理判断，所以我们又面临着一个新问题。既然企业致力于打造一个强大的、自动化的工作环境，那么我们如何确保有一个道德罗盘来指导这种自动化的趋势呢？显然最合理的方法是让人类担任领导者，从以人为本的角度评估所有试图自动化的道德标准。

企业意识到这种需要了吗？是的。这种意识显然来自这样一个事实：我们要开发能做决策的算法，但相应的法律法规还跟不上。因此，人们不免会这样想：我们不仅应该关注算法是否符合法律法规，更重要的是让领导者构建"做正确的事"的文化。但如果领导者是行为规范的榜样，我们还需要监管跟上技术发展吗？

鉴于这种意识，德勤对1500名美国企业高管进行了调查，发现32%的企业高管认为道德准则是头等大事。这不足为奇。但是，尽管企业有这种意识，却尚未将道德训练纳入人工智能的管理区间。因此，这个问题依然任重道远。

而对这一挑战采取应对措施的企业则选用了一种特别的方式。例如，微软、毕马威和谷歌这类公司都在内部设立了相应的岗位，以指导企业内的算法应用。这些岗位上的高层领导者会在伦理框架内对算法进行监督，保证技术的使用既高效又符合伦理准则。这些岗位现在被称为"人工智能伦理学家"。[143]毕马威认为，这是企业迈向成功的五大必备岗位之一。[144, 145]毕马威还认为："人工智能对伦理道德和社会的影响不断突显，因此企业也需要创造新的工作岗位，以建立能维护企业道德标准与规范的人工智能框架。一开始，这些工作可以由企业现有的领导者来承担，但随着人工智能的影响逐渐扩大，企业可能需要专人来保证这些指导方针得到贯彻。"

结论

人类具备并不断发展上述这些独一无二的能力，因此我们可以说，领导层短时间内还不会出现根本性的变化，领导者依然是人。但必须强调的是，自动化趋势不可逆转。因此，如何使用技术，用技术达到何种目的，这些问题将变得更加重要。届时，领导者需要根据自动化管理所提供的数据做出决策，但其本人也要保持清醒的头脑，具备责任心和意义建构的能力。

第七章
赋权变革的时代

　　没有两个人是完全一样的，延伸到领导学中，我们也不希望新任领导者是上一任领导者的复制品。但谈及企业的自动化趋势时，我们常常会提到复制。的确，算法会观察并学习最一致的趋势，进而根据趋势输出结果，因此算法的目的是复制最佳程序，这意味着算法能比人更快地得出更准确的结论。但企业经营行为就是提高运营和绩效管理中的可复制性与一致性吗？

　　从某种程度上来说，我们的确喜欢重复的、始终如一的行为，大部分人都抵触不确定性，当事情可以预见时，人们会感觉更舒适。在一个靠经济奖励驱动的领域中，人们渴望压缩成本，用固定不变的程序完成任务。人们也不喜欢浪费时间，时间就是金钱，特别是在领导他人的时候。很多领导者必须想办法节约人才培养的时间，提高企业的经济收益。所以，我们可以得出一个结论：算法可能就是这三个问题的答案。

但据我们所知，最高效的领导者会采用另一种工作方式。领导者会满足完全不同的一系列人类需求和价值观，让企业能依照其目标负责任地采取明智的行动，同时为所有参与者创造价值。高明的领导者会从不同角度对决策进行严格评估，他们受好奇心的驱使，能够想象如何创造性地解决问题。这说明，高明的领导者能意识到自己的责任，因此能以平等、尊重的态度对待企业的全体成员。

这种领导方式需要人类领导者独有的（且算法并不具备的）一系列能力，因此算法不适合取代人类成为领导者。例如，K.帕里（K.Parry）等人在其2016年的著作中指出："企业领导决策的自动化可能会优化决策，提升决策的透明度，但重要的伦理道德难题依然没有得到解决。"[146]此外，冯·克罗（Von Krogh）也强调了人类特有的能力的重要意义，他指出："从长远来看，将'智能'外包给机器，既无用也不符合道德规范。尽管这些技术极有吸引力，但它们只是模仿认知过程，并不具备人类智能的高度灵活性、适应性与生成性。"[147]

赋权让世界运转

我们希望人类领导者在未来的任何情况下，都能做出有意义的决策。要使别人认可领导者的决策，最好的方法是把他们的个人经历与这一决策背后的原因联系起来。当员工能与领导者的决策建立联系，员工会内化并支持你的目标方向。要实现这种情感联系，领导者需要具备本书第六章所列举的几项能力。如果领导者能有效发挥这些人类独有的能力，就可以为他人赋权。有趣的是，数十年的研究发现，领导者向他人赋权，可以让员工看到工作的意义，并鼓励员工积极工作。赋权管理可以让他人参与决策过程，从而使他们产生自主意识。

赋权还能增强人们的自尊与自信，并对自己从事的工作产生掌控感，这些都是领导者要在员工个人层面上培养的素质。现在我们处在一个复杂多变的商业环境中，自动化程度的提高，进一步增加了这种复杂性。今天的人们也面对前所未有的不确定性，于是他们丧失了掌控感，因而无比焦虑。因此，领导者责任重大，他要为团队赋权，激励团队提出高质量的、创造性的解决方案。

有趣的是，随着算法的引入，企业中出现了人与算法协同合作的团队。这种新的工作方式，使领导者必须合理地为人类员工与算法赋权。

为人类员工赋权

为人类员工赋权，可以让他们更好地把握当下的工作环境，提高业绩，这是领导者的必备能力。在人类员工与自主工作的算法合作的时代，赋权变得更加重要。算法成为"新同事"之后，人类员工的心理体验将变得更加复杂。未来的领导者需要考虑到这一点，并且知道在这个新时代下如何为人类员工赋权（见表1）。

表1　未来领导者的赋权领导力

赋权能力	措施
管理抵触情绪	克服恐惧与焦虑情绪； 消除不确定感； 避免失控感
应对不信任感	避免权力斗争； 提高算法决策的透明度
推行技术教育	让领导者变成技术达人； 推广继续教育
管理员工的期望	增加交流机会； 营造"家"的感觉
学会解释"为什么"和"怎样做"	态度真挚； 给出合理的理由； 给出充分的理由

管理抵触情绪

学术研究发现，与算法做出的预测相比，人们更愿意接受人类的预测。[148]也就是说，与算法相比，人们更重视人的影响。[149]正如前面所说，人们普遍更愿意接受人类意见（即使事实证明算法的意见更准确）的这一现象被称为"算法厌恶"。[150]其实，这种讨厌依赖算法的情绪多少有点不合理，因为在完成具体任务时，算法的速度更快，结果更准确。

因此，聪明的人肯定要积极采用算法输出的信息，以达到利益最大化，不是吗？然而，有些人却不这么干！实际上，人的行为未必理智——特别是面对不确定又复杂的新环境时。[151]在自动化时代，领导者遭遇了对赋权的挑战，他们需要解决员工在工作中对算法产生的非理性判断，具体如下。

克服恐惧与焦虑情绪

首先，我们要知道，算法厌恶实际上是一种非理性的行为。例如，如果算法能和人一样出色地解决问题，甚至比人做得更好，那么算法找到的解决方案就是有效的。但是，当人们发现这些方案由算法提供时，他们很容易贬损并拒绝使用。这个例子告诉我们，对算法的偏见可能会带来巨大的风险，让我们忽略事实，进而变得愚笨。

在这种情况下，我们放弃了开放式的态度，但不幸的是，只有开放的心态才能推动创新。而问题还不止这些。我们可以想象一下那些采纳了算法所提供的建议的员工会怎样。研究发现，如果算法厌恶的偏见是企业内部的共同态度，那么这些采纳算法意见的员工可能会遭到其他人的羞辱，甚至被排挤出团队。[152]这些发现进一步强调了领导者的重要性，他要更有效（更理性）地指导人类员工与算法合作。

那么领导者具体应该怎么做呢？

领导者必须投入时间和精力，仔细评估团队中是否存在这种抵触情绪，如果有，要查明其来源。了解算法厌恶的根本原因非常重要，领导者可以据此提出反证，让员工看到使用算法的好处。这么做是对团队观点的挑战，但其做法有望确保团队成员高效工作，为整个企业做出重要贡献。

消除不确定感

人们为什么会产生算法厌恶呢？原因之一在于，大多数人都害怕算法自主决策。算法是另一个物种，是相对未知的。对算法的不熟悉会让人们感觉不适，导致他们对这种新的工作形式感到恐惧，恐惧与不确定性相伴而生。当人们觉得没有把握时，就会远离这种导致恐惧的源头。正是这种心理，使人们在决策过程中回避甚至贬损算法的意见。

算法的不确定性，主要由于人们和一个非人类做同事的不适感。作为人类，我们强烈希望社会能遵循人的价值观，因此企业决策者要体现人的能力，但我们所谈论的算法显然不是这样。在我们看来，这项技术没有感情，也无法解决和处理人类的经验。[153]因此，我们宁愿避开这个"新同事"。

所以，领导者要学习如何将影响员工工作的恐惧降到最低。一种方法是让算法更加人性化。企业不能随波逐流，因为别人都这么做，就简单粗暴地完成数字化转型。这种企业通常没有做好准备工作，无法评估算法给企业带来的真正价值，所以许多企业的数字化转型之路以失败告终就不足为奇了。

事实上，如果企业能帮助员工清楚地理解怎么使用算法和为什么使用算法，其数字化转型才更有可能成功。所以领导者要帮员工充分了解这项技术的应用，这有利于企业更好地利用技术实现目标。其实，如果我们使用的技术无法胜任这项工作，就没有必要使工作场所自动化，因为它不能带来任何好处，反而可能产生不利影响，员工也会出于对新技术的恐惧而拒绝参与工作。

避免失控感

算法厌恶的第二个原因在于，让算法参与决策过程后，人们会对自己的工作产生失控感。人类需要对环境的掌控感，这是人最关心的问题之一。[154]人们在生活的各个方面都很重视掌控感，特别是在涉及决策时。人们强烈地需要掌控感，甚至愿意为此做出经济上的牺牲。[155]

实际上，经过研究我发现，员工宁可打乱自己大部分的工作计划，也要将算法排除在决策圈之外，这样他们才能保持自己的掌控感。[156]显然，这种行为不利于任何企业的运行和发展。

我们不希望员工用自己的工作计划来回避企业的数字化发展。如果是这样，员工投入工作的时间就会减少，因为资源不足，他们的工作表现也会欠佳。由此可以看出，在21世纪，算法成为职场"新同事"之后，领导者要更加善于管理员工的情绪。在这个过程中，同理心、情商等人类特有的能力，将发挥重要作用，因此领导者要牢牢掌握这些技能。

应对不信任感

把算法当作顾问会产生一个问题，即我们常常不知道算法为什么会提出这项建议，或者算法如何得出了这条结论。人们之所以不愿意用算法，是因为他们认为算法是一个黑盒。无论这条建议多么完美，如果不知道它从何而来，我们就会立刻退缩，并对其产生怀疑。如果一条建议背后的程序不清不楚，我们就认为其不合理。[157]只有原因合理，我们才会接受结果。

如果我们要在工作中使用算法，不信任感就是一个大问题。企业或许可以解释算法运行使用了哪种数据和哪种运算法则，但仅此而已。至于算法具体如何运转，我们大部分人都不清楚，就算知道也很难予以解释。所以，关于数据应用的沟通交流，成为企业面临的最大困难之一，这也不足为奇。[158]

如果我们不清楚算法的内部运行过程，怎么能确定其给出的建议是正确的呢？即使机器好像能做出非常精准的预测，但其缺乏透明性，就像一个黑盒，也很难让人信任。[159]这个问题的核心在于，人类难以信赖算法，并接受它的意见。人们信奉"知识就是力量"，所以人们要将权力赋予黑盒一般的算法，因为只有算法（而不是人类）掌握了这项"知识"。在这种工作环境中，人们会感觉自己屈从于算法。

避免权力斗争

在这样一场权力斗争中，人类似乎立场坚定，坚决不相信算法提供的建议。一个典型的案例就是IBM打算启用超级计算机程序"华生"（Watson），帮助医生诊断与治疗癌症［称为"华生肿瘤解决方案"（Watson for Oncology）］。人们认为"华生"也是一个黑盒，会误导医生得出奇怪的结论。而当"华生"和医生做出同样的诊断时，人们就认为这个程序毫无用处（因为它并没有带来人们所不知道的东西），但是当电脑程序给出了不同的结论时，医生又认为程序错了。

对此，你可能会有疑问，为什么医生不认为是自己错了？

研究发现，与他人相比，人类对自己的评价往往更加正面。如果与算法对比，这种一心向着自己的态度就更加明显。所以医生肯定认为自己的专业经验比"华生"提供的建议更靠得住。当然，这也导致人们越发不信任算法，毕竟算法的内部运行方式一点也不透明。

提高算法决策的透明度

那么，领导者该怎么做呢？他要让员工明白，他们不是在与算法争夺权力。而要做到这一点，就要打开黑盒，让算法的运行过程更加透明、更易理解，权力平衡才有可能再次偏移。给予人类员工更多的权力，才有可能让他们产生信任感。

当然，我必须提醒一点，提高透明度并不是一项简单的任务。技术越来越复杂，几乎可以应用于所有领域。因此，要真正理解算法的内部运行也变得更加困难。基于这个原因，当今的领导者必须精通技术，起码要理解算法作为劳动力的基本原理，并向员工解释清楚。

推行技术教育

当我们和别人拥有共同目标时，更容易开展合作。所以，如果让算法作为"新同事"加入工作，领导者的一项重要任务就是解释使用算法的目的。领导者必须回答一个简单的问题：为什么要用算法？

这个问题的答案非常重要，因此21世纪的领导者应该适当地精通技术。不过，在领导者直冒冷汗、拼命思考自己算不算技术达人之前，我要先向你保证，领导者并不需要知道算法内部所有的运行情况。正如前面所说，领导者不必成为程序员。领导者要做的，是跟上主流技术的发展。领导者应该具备这种意识，才能理解当前商业领域发生数字化转型的原因，明确你的企业是否需要这样的转型，如果需要，应该怎么做。

让领导者变成技术达人

领导者要为企业的未来制订愿景，因此要知道怎样利用技术制订策略才能让企业具备竞争力，实现长期的可持续发展。在自动化主导的年代，领导者要做到这一点，必须清楚最新的技术发展动态。此外，领导者还要敏锐地察觉到算法的应用给人类员工带来的挑战。

这种敏感性可以经过训练习得并保持下去，例如，领导者亲自参与对数据科学家和工程师的招聘工作，将这些新员工介绍给其他部门的同事。实际上，在未来的企业里，数据科学家团队需要增加与其他业务团队（例如，销售、市场营销、财务、人力资源等）的合作，从而为未来的挑战制订更加有效的解决方案。

推广继续教育

所以，领导者要具备商业知识和技能，同时也要深入认识技术所带来的机遇与挑战。我们要熟悉最新的技术发展，这也与当今全球提倡的终身学习密切相关。政府和企业都认为，技术会颠覆未来，国民与员工都应为此做好准备。

为了满足这些要求，我们必须在社会的各个层面开展培训，鼓励继续教育。《麻省理工斯隆管理评论》（*MIT Sloan Management Review*）刊载的一篇报告以及德勤的调查都发现，越来越多的企业正在加大投入，提高员工的数字化成熟度。[160]这需要员工不断接受继续教育。

这个目标背后有充分的理由。企业只有抱着不断学习的心态，才能不断创新，做出更好的成绩。许多企业都认为，领导者有责任提倡教育与学习。[161]当然，最好的方法是领导者以身作则，表现出对终身学习的热情。高层的热情会倾泻下来，激励企业的各级员工。所以，领导者的第一步是学习企业内部使用的技术。

管理员工的期望

员工普遍不信任算法，这说明他们对如何使用算法有自己的想法。这些想法很可能是片面的，会使人与算法的融合变得更加复杂。研究证明，人们希望算法能给出完美的建议。[162] 一般来说，我们希望任何技术的应用都是完美无缺的。如果让算法参与工作，它就不能出任何差错。一旦出错，人们会立刻丧失对这个自动化顾问的全部信任。

当然，我们也不希望人类同事犯错，但和算法相比，我们不会立刻减少对人的信任感。因为人无完人，所以我们可以原谅其他人，并对他人保留一定程度的信任。但人们认为算法应该是完美的，既然如此，人们怎么能容忍它犯错呢？

问题就出在这里。如果人们不能原谅犯错的算法，人和算法之间就会爆发冲突，两者将无法合作。此外，由于人们在工作中应对算法的经验不足，因此在与其合作的时候会始终不放心。偏见和刻板印象会严重影响人们对算法的态度。

要解决这个问题，人们可以采用接触假说。根据该假说，人与算法在一起工作的时间越长，越能适应这种特殊的关系。最后人们会逐渐重视算法的建议，并更多地采纳其建议。

学会解释"为什么"和"怎样做"

现在我们已经清楚，当员工不了解算法在做什么，以及它为什么这么做时，他们会对算法产生怀疑。这不仅是对算法的质疑，也是对企业的质疑。特别是企业决定使用算法，却不向员工解释其意义的时候，员工更易丧失信任感。因此，领导者要向员工清清楚楚地解释算法的价值和操作模式，这不是奢望而是要求。只有解释清楚，提高其透明度，才有可能降低员工对算法的排斥。这将为人与算法的有效合作奠定基础。

有趣的是，对技术应用的解释也逐渐受到重视，开始出现在商业领域的各个地方。例如，推特（Twitter）的首席执行官杰克·多尔西（Jack Dorsey）说："我们要花更多的时间与精力解释算法如何运作，最好能将它打开，让人们亲眼看到它的运行。但这对任何人来说都不容易。"

那么，怎样才能充分、清晰地向人们解释呢？《韦氏词典》将"解释"一词定义为"说明、展示的行为或过程"，或者"是某事的原因或起因"。因此，解释意味着要说明意义与理由，即人们为什么需要某物，或者为什么要用某物。[163]经过解释，人们可以达成共识，加强信任与合作，进而减少矛盾与冲突。[164]

解释：态度真挚，理由充分、合理

要取得这些积极的成果，给予解释时领导者必须做到以下几点。

第一，领导者必须让人感受到真诚。[165]如果一个人给他人的印象是诚实可信的，那么这个人的解释也是真诚的。这种印象证明，这个人能保证让每个人都知道发生了什么。当这个人给别人留下了真诚的印象，人们也会认为其能认真对待他们的问题。

对人而言，我们更喜欢那些可以解释其行为与决策的人。一个人不应该让他人来解释其所做的决策。但对算法则不是这样，即使它可以解释自己的行为，收效也不大，因为算法没有给人以真实可信的感觉。

第二，给予解释时要表明发生这种情况的合理原因。[166]针对采取的决策与行动，领导者要清楚地给出公平合理的理由。从某种意义上说，几乎所有的事都可以解释，但如果人们认为解释不够公平合理，可能会适得其反。最后，领导者要充分说明情况发展至此的理由。[167]理由必须充分可信，容易查证。如果一个人的理由有经验证据和案例支持，那么效果会更好。

为算法赋权

在未来，算法将成为团队的一部分。领导者要引导团队完成这个转型，这意味着在自动化时代，其不仅要学会为人类员工授权，还要为算法授权。如此一来，领导者需要营造一个合适的环境，使算法能够充分发挥其潜力，也帮助领导者发现新的商业机遇与价值。

为此，领导者需要具备表2列出的这些能力。

表2　未来领导者为算法赋权的能力

赋权能力	措施
将工作委派给算法	在完成任务的过程中给予算法自主权； 承担全部责任； 安排一系列反馈会议
找出最重要的数据	制定主次顺序； 根据目标筛选正确的数据集
利用正确的机制进行提问	根据目标向每个业务领域提出正确的问题

将工作委派给算法

领导者第一个重要的任务是让算法参与工作：算法需要承担一定的任务。领导者要将其纳入工作序列中，让其负责一定量的工作。只有这样，算法才能真正成为人类员工的同事。

但领导者的任务不仅仅是让算法分析他筛选出的数据。算法会输出结果，这样的结果将决定企业未来采取的措施。那么，算法可以实施这些措施吗？

是的，算法可以——至少可以完成相对简单的任务。可以说，随着时间的推移，算法的功能只会越来越强大。这意味着在未来的某个时候，算法可以自主决策并执行这种决定。到那时，（简单的）任务都可以实现全自动化。有趣的是，这种情节描绘了一种未来的情况，即领导者要同时给算法和人类赋权。

领导者要怎样为人类员工赋权呢？

在执行任务的过程中，当人有一定的自主权时，其工作动力最强，并可以决定如何发挥自己的能力以得到最佳结果，因此领导者要学会放权。员工通过任务来学习，并掌握任务技巧，进而胜任工作。这个过程使员工在未来有能力应对更多的困难和复杂的问题。与之类似的是，在不久的将来，算法也应该得到一定的自主权。

我们希望算法能快速运行，得出准确的信息，并发现其中的趋势，如果趋势较为简单，可以马上进行利用。领导者了解这种期望后，接下来就要确定用哪种方式将哪些任务委派给算法。将一些工作分配给算法，可以为人类员工留出时间和精力，让其专注于更加复杂的任务。此外，还能尽可能地以最佳方式使用算法。毕竟，如果企业在自动化方面投入大量资金，却因缺乏信任而不让其发挥作用，那就是浪费资金。

这样做从理论上说是不错，但我们必须了解算法在工作环境中的局限性。这种局限性在于，我们开发算法的时候，并没有预先推演其与人类共同创造价值的情况，也就是说，我们没有预先测试算法在社会背景下如何发挥作用与价值。

因此，算法不具备与人类合作的本能。这就要求领导者要不断尝试，找出最佳方式，将算法融入社会情境。领导者还要学会如何向人类员工解释将部分任务分配给一个"算法同事"，因为向算法分配工作意味着它将自主完成任务。

领导者必须首先决定在什么时候告知人类员工，他们需要遵从算法的判断。这可不是一件易事！确实，人们通常会抵制这种授权，甚至暗中搞破坏。因此领导者必须给予充分的解释，表明他非常理解人类员工，也知道这一举措对他们的工作造成的影响；同时，领导者还要解释人类员工遵从算法建议的必要性。

简单来说，领导者为算法分配工作的第一步，是为算法圆满完成任务争取空间，同时要为自己的决定——让人与算法合作——承担全部责任。这里的责任是指，领导者要为算法自主工作与协同合作产生的所有结果负责。作为领导者，如果这些结果不尽如人意，就应该及时修正工作。

在人与算法合作的情况下，领导者要如何判断任务完成得是否合格呢？这个问题的答案涉及领导者为算法分配工作的第二步。无论领导者能给算法多少自主权，都要为它的执行权划定界限。为算法分配任务的目的是提升人类员工的能力，而不是取代人类员工。所以在这个过程中，领导者需要不断地组织反馈会议，评估算法的表现。通过这些会议，领导者与员工可以商定哪些任务可以由算法承担，为算法设定界限，并不断调整。

这种反馈需要由算法的"同事"，也就是人类员工提供。人类员工是算法的终端用户，因此也是反馈意见的来源。需要强调的是，在评估算法时，人类员工也要接受前面提过的偏见测试。因此，领导者要营造一种新的工作方式，尽可能减少员工的偏见和不信任感，避免员工把反馈当成抵制算法的手段。

找出最重要的数据

算法可以将外部数据透明化，方便我们找出其中存在的显著趋势，进一步优化商业过程，创造更大的价值。但是，如果没有数据，算法就无从下手。所以，应该由谁来决定向算法输入的数据呢？

这个问题至关重要。智能机器接收高质量的数据，才能输出更合理的结论，找出更有价值的规律。如果数据质量不佳，算法的作用也得不到充分发挥。实际上，如果使用低质量的数据，算法的表现将差强人意，甚至还不如人类。如此一来，算法就会遭到人类"同事"的强烈抵制，企业在自动化方面的投资也会白白浪费。多数企业都非常重视这个问题，但它解决起来却困难重重。

我们发现了一个有趣的现象：如果算法因为数据质量差而无法发挥作用，企业领导者往往不会自责，也不会反思自己的高昂投资是否正确，而是将其归咎于员工。在我从事咨询工作时，常常听到这样的评论：只要出了错，就怪人类！

听到这样的指责，我们就能明白，这些企业也错误地认为，解雇人类员工比解雇自动化员工更容易。然而到目前为止我们都知道，事实并非这么简单。显而易见的是，人和算法都没有获得充分的指导，不清楚自己的目标。换句话说，如果企业不清楚自身的目标，就难以判断需要将哪些数据输入到自动化机器中。

如果我们不能明确需要使用哪些数据，那么算法得出的所有结论，对实现企业目标都无所助益。M.杜赫斯特（M.Dewhurst）与P.威尔莫特（P.Willmot）将算法无法发挥作用的现象称为"错误输入，错误输出"。[168]如果让算法协助领导者做决策，却没有合适的数据可用，那么领导者凭借什么来优化商业过程和结果？算法不能解决数据质量的问题，因此只能由领导者来决定数据的选择。领导者要设定优先顺序，并以此为指导筛选出高质量的数据。为此，领导者必须理解并认可企业的目标。

决策是有效领导的关键，在自动化时代也是如此。[169]未来的领导者依然要制定战略决策，利用软技能来组织员工，并确定能为所有参与者提供的机会。但这其中出现了一个关键的变化，未来算法也要被纳入决策过程中。这样一来，领导者必须比以往更加重视数据质量，才能创造他们期望的价值。虽然领导者不用处理和分析大量的数据，但需要决定哪些数据是可用的，以及数据为什么可用。

当今领导者要确定企业的目标，然后利用这种目标提出正确的问题。企业领导者要想象企业要达到的状态，要有明确的理由追求那样的愿景，这就是企业目标，就是企业开展业务的原因。

目标为领导者规划的愿景提供了意义。如果让目标决定员工努力的方向和采取的措施，我们才能为各参与者创造价值。从这个角度来看，如果我们想优化算法在决策中的应用，显然需要用目标驱动的方法来筛选数据。

利用正确的机制进行提问

有了目标我们才能确定企业的重点任务，进而指导数据的筛选过程。因此，目标构建了一种机制，让我们可以看到外部现实（数据）。这个机制的优势在于，其能帮助我们提出正确的问题。它能影响领导者提出的问题，促使领导者想出创造性的解决方案。提出正确的问题，也有助于我们继续充分利用最高质量的数据。

专注于目标有助于我们筛选出与每个参与者（客户、员工、供应商、股东等）有关的数据。但是，各个业务部门（市场营销、销售、人力资源、财务、运营等）需要解决的问题并不相同，因此，领导者要采用目标驱动机制推断出各个部门应当提出的问题。

第八章
共同创造将是新的起点吗？

现在的很多工作都需要依靠团队完成。在一个互相关联的世界，人们经常要在集体中协同合作，实现无法独自实现的目标。团队合作有助于人们在复杂的环境中找到创造性的解决方案。团队能提出更加多样化的观点，并快速应对复杂的挑战，同时将不同的任务分配给最合适的成员。德勤甚至提出，在今天这个数字化时代，企业要逐渐以团队系统作为工作环境的组织基础。[170]

尽管不稳定的团队动态，对迅速找到创造性的解决方案至关重要，但每一个团队成员依然要清楚他们需要完成的任务。这些任务必须有明确的标准，能够确定团队所需要的人才。如今，团队需要更加快速、透明的信息分析，因此一位新成员加入了团队，这个新成员不是人，而是算法。

领导者的任务

受电影《钢铁侠》（*Iron Man*）中的J.A.R.V.I.S.（一个非常智能的系统）启发，我们也要努力打造让人与算法合作共创的团队。我们要联合各自的优势，共同应对未来的挑战。这样一来，无论是人还是算法，都可以完成各种各样的任务，但我们的最终目标是保证人与算法的整合，从而创造必需的附加价值。为了实现这个目标，领导者要以创造性的方式协调人与算法的工作。如果人与算法都是"1"，领导者要确保两者相加得"3"。为此，领导者的任务包括以下两个部分。

第一，正如本书第七章所讨论的那样，领导者要分别为人类员工与算法赋权。算法能够分析大量数据，优化策略。机器智能让现有的数据更加透明，可用来更快速地做出更有效的决策。人类员工可以负责意义建构的任务，这类工作需要洞察力、伦理判断、直觉、同理心和创造性思维。这些所谓的软技能对团队工作尤其重要，能帮助领导者协调工作中的关系。

第二，领导者必须妥善管理由人类员工与算法组成的团队的动态。换句话说，当今的领导者要管理"新的多元化"。我认为，随着算法成为人类的新伙伴，新的多元化管理就是当前的现实。因此，团队将变得更加多样，不仅是技术方面的多样化，工作完成方式也变得多种多样。这样的现实给领导者带来新的挑战，其中最重要的，就是如何正确引导人机互动。

领导者必须深入思考，怎样提升这些新的多元化团队的效率，使之高于仅由人类成员组成的团队。如果能让人与算法达到最佳的合作状态，企业将在未来所向披靡。但要注意的是，我们不能只在乎人类成员的个人业绩，或某一个算法的表现。企业的成功要靠人与算法的综合成绩，只有这样才能实现创新。

由此可见，与以往相比，未来的领导者对企业的成败承担着更大的责任。领导者要利用自己的商业与技术知识，将人与技术结合起来并知道应如何推动人与算法进行共同创造。对此，领导者掌握赋权的能力（参见本书第七章）至关重要，要实现多样化的赋权，最理想的方式就是确保人与算法建立合作关系。合作可以理解为团队、企业或社会的各个成员共同工作，从而实现同一个目标。众所周知，人类之所以延续至今，不是因为竞争，而是因为合作。

在新的多元化环境下建立合作

在今天的自动化时代也是如此。人与机器相互合作（而不是彼此竞争），才能实现所有人的利益最大化。现代汽车公司（Hyundai Motors Company）就很好地示范了人与技术的成功合作。[171]这是一家韩国汽车制造商，拥有众多基层员工。基层员工从事的工作十分辛苦，需要耗费大量体力，并且很容易受伤，导致身心俱疲。其中他们最吃力的一项工作，就是要举起大量重物。接纳了人机合作的观点之后，现代汽车公司研发了供基层工人使用的"外骨骼"——可穿戴式机器人。这种机器人的使用提高了工人的生产效率，既能圆满地完成任务，又能减少身体损伤。

人与机器的成功合作提升了个人与团队的能力。之所以说它提升了人类的能力，是因为这种多元化团队的潜在成就水平高于仅由人类组成的团队的预期水平。另一个能体现技术提升人类生产力的案例是美国电商Stitch Fix。企业采用算法驱动的商业模型，帮助人类员工为客户提供定制化的穿搭服务。客户提供数据（偏好、身体尺寸和预算），算法以此进行分析，然后向客户提供建议。如果客户采纳了这些建议，就会在他的个人档案中增加更多的偏好数据，算法又能以此为未来的采购提供建议。在这种模式下，算法提高了销售人员的工作效率和成就感，从而提高了客户的满意度。

在团队中，算法也可以优化结果输出的过程。的确，智能系统可以用来优化决策，良好的决策又能指导行为。例如，算法可以帮助医生做诊断，这样一来，医生就可以提供高质量的个性化治疗。算法可以访问病人的个人档案，分析数据，以找出病患中发病的规律。在此基础上结合医生的直觉、同理心与创造力，能够得出更有效的治疗方案。例如，在研究如何提高淋巴结细胞影像的癌症检出率时，我们发现，只用算法检查的错误率为7.5%，只由人工检查的错误率为3.5%，但两者结合后的错误率仅为0.5%。[172]

领导者相当于乐团指挥

与所有的团队协作一样，领导者也应该妥善协调人与机器的合作，这会给他们未来的领导带来回报。在21世纪，最重要的一项领导能力，就是像乐团指挥一样协调人与算法，共同演奏出一首美妙的交响乐。中国的信息与通信技术领先者——华为技术有限公司（以下简称"华为"）做了亲身示范，真的化身成为一个乐团指挥。它于2018年尝试用人工智能技术补全了舒伯特于1822年创作的《b小调第八交响曲》。[173]舒伯特本人只创作了乐曲的前两个乐章，而后两个乐章不知为何没有完成。

为了完成这个任务，华为在某款智能手机中采用了人工智能技术。该技术分析了舒伯特的90部音乐作品，将其音乐作品转化成代码，并进行扩展；同时还听了舒伯特《b小调第八交响曲》的前两个乐章，分析其中的关键音乐元素，然后将这种分析与从舒伯特作品中总结的信息结合起来，谱写出了第三和第四乐章。

当然，关键问题是，这个人工智能能否确定哪一种音符组合最符合舒伯特音乐作品中想表达的情绪与气氛。这个项目存在一个明显的问题，那就是人工智能没有感觉，机器不可能理解艺术家的灵魂及其想法。那么根据新的多元化的观点，此时就需要人的介入。这个项目的负责人是作曲家卢卡斯·坎托（Lucas Cantor），他为梦工厂动画公司（DreamWorks Animation SKG, Inc）创作了多部备受好评的电影配乐。他的主要任务是避免舒伯特《b小调第八交响曲》的最后两个乐章沦为"电梯音乐"①。

我们可以从这个实验中学到什么呢？最有趣的是，坎托本人对这次合作表现得非常积极，并借此对比了与其他作曲家的合作。因此，从人的角度来说，这种工作体验似乎是可以接受的，甚至是愉悦的。坎托表示，之所以会进行这样的合作，原因之一在于，人工智能"作曲家"没有自我意识，这是它在修改人类作曲家的作品时常常要顾及的问题。当坎托退回作品要求重做时，人工智能"作曲家"不会沮丧，也不会提出抗议。此外值得注意的是，由于人工智能本身的工作流程和不可思议的效率，这部18分钟的作品仅仅经过了几次交流与修改，就完成了。总体来说，在此次项目中，工作的效率得到了提升，工作的过程十分愉悦，最终的作品也被人类评论家评价为"优秀"。

---

① 背景音乐的一种类型，起初在办公室、酒店和其他商业建筑的电梯中播放，现在也用于室内场所，以填补人们无所事事或者等待时的大脑空白。——编者注

这个案例让我们思考，领导者该怎样为新的多元化赋权，从而取得更好的业绩。维尼玛（Venema）提出一个观点："人机合作有一个缺陷十分明显：在需要进行精细合作时，算法不善于与人类沟通。"[174]的确，算法通过观察进行学习，能够找出数据中蕴含的模式，但它不会深入思考，没有情绪与同理心。因此，如果我们要做的决策涉及常识与对战略、道德和社会动态的认知，人类的指导就非常重要。正如IBM副总裁伯尼·迈耶森（Bernie Meyerson）所说："人类会将常识带到工作中。从'常识'的定义来看，它不是以事实为基础的承诺，而是一种本能的判断。"[175]

推动人类员工与算法开展合作

由于算法本身缺乏常识，所以我们必须以正确的方式使用它。而这种方式需要由团队的领导者来决定。与此同时，人类员工要处在与其履历和能力相匹配的岗位上。因此，领导者的第一项工作就是任务分配。领导者需要决定将哪些任务分配给算法、哪些任务分配给人类员工，从而构建和谐高效的团队结构，但这还不够。团队合作的一大优势在于收集不同的观点，提出更加综合性的问题解决方案。

就像前面华为的例子一样，领导者面临的一项挑战是，激励人类员工利用算法为团队提供的信息。因此，领导者一开始要鼓励团队中的人类员工，让他们接受算法成为同事。在此基础上，人类员工要将算法视为有价值的团队成员。如果领导者能给予人类员工一定的自主权，让他们尝试与算法相互作用，对算法的认识才有可能改变。

算法不会主动与人类员工建立合作关系，但它可以作为一个积极活跃的成员加入已经存在的合作中。为了得到综合性的解决办法，人类员工必须有迈出第一步的动力。因此，领导者要为人类员工赋权，让他们在与算法的合作中占据更加积极主动的地位。鼓励人类员工积极投入的最好方法，是令人类员工对和他们协同工作的智能技术有充分的认识。领导者要利用本书第七章"推广继续教育"中介绍的方法，增加人类员工对技术的了解。

理解了算法应用的必要性，人们会更愿意采纳算法提出的意见。因此，领导者除了有责任让人类员工接受算法成为团队的一员之外，还要努力营造一种开放式的工作环境，收集人与算法输出的成果，并对所有人公开。领导者要综合考虑人与算法的成果，进行集体决策，为此，领导者要像交互记忆系统一样，充当团队不同成员的黏合剂。从这个角度来说，领导者必须提供全部信息，并在人类员工的监督下推动整合，最后决定如何利用这些信息，实现团队和企业的目标。[176]

创造附加价值

我们对未来领导者的要求始终围绕着一个核心能力，即促进人与算法的合作。通过列举的案例可以看出，要实现合作，必须将算法创造的价值转化到人类环境中，使其创造出与终端用户（即人类）相关的价值。杜赫斯特与威尔莫特认为："在未来领导者的工具包中，小范围使用算法的决策将成为一项重要工具。"[177]

这种合作能力会直接影响人力资源部门的工作，他们的工作关系到企业能否招到合适的员工。算法可以在这个过程中提供很多帮助。它可以分析多年来收集的大量数据，从而确定合适的候选人，甚至可以在招聘过程中重点关注有价值的信息。例如，就业网站Jobaline利用智能语音分析算法来对求职者进行评估。算法评估求职者讲话中的副语言要素，例如，说话的音调和曲折变化，预测某种语音反映的情绪，确定求职者可能擅长的工作类型。

企业一旦招到了合适的员工后，就想留住他们。正如前面所述，美国国家经济研究局的调查发现，用算法评估劳动者的就业能力后，从事服务行业的低技能劳动者（他们的留用率较低）的留用时间会延长15%。[178]

创造合适的工作环境有利于推动合作，但是还有一个重要的问题：达成合作后该怎么办？传统的商业模式认为，团队的成果能直接帮助企业实现目标和愿景，因此领导者要知道企业的当务之急，以及如何确保综合解决方案能帮助企业实现目标。为此，领导者必须向员工清楚地解释某些任务对实现最终目标的重要性。

与此同时，领导者要与数据科学家交流，确保他们在为算法编写程序时，遵循了正确的优先顺序。由此可见，领导者要与不同专业背景的员工联系，保证这些员工可以高效地应用算法，通过人与算法合作来共同创造价值。

最后要解决的问题是，确定了优先顺序并建立合作后，领导者还需要做什么。如果领导者设定了这些程序，他们是否还要参与其中？

的确，到了这一步，领导者应当减少参与，将更多的注意力放在战略性思考和发展上。有句名言说，好的领导力就是让别人表现得更好，而领导者自己少做事。当我在课堂上提到这个观点时，很多学生都表现得兴致盎然，但出发点并不正确——他们只是被"少做事"吸引了！

所以我不得不向他们解释清楚，这里的"少做事"不代表不做事。而是当团队知道该做什么，员工也有了一定的自主权之后，领导者应该后退，将时间花在更传统的领导工作上，包括规划和制定企业未来的战略步骤，确保企业能保持竞争力和长期的可持续发展。

第九章

领导学：目标与包容

　　企业的经营与长期发展通常依靠领导者。随着技术的日新月异，领导者的责任将比以往更加重大。

　　今天，一种能够提升企业成就的新方法出现了，那就是数据。它并不是《星际迷航》里那个叫"数据"的角色，而是真正的数据，它能帮助我们理解世界上发生的事情。现在很多人都将数据视为企业可以使用的最重要的资源之一。因此，今天的领导者需要处理大量的数据，并将通过数据分析得出的结论融入决策。面对这样的现实，算法逐渐打入企业内部，迫使领导者思考它对企业运营带来的影响。

　　然而，算法将在多大程度上成为企业的自主决策者会成为一个挑战，因为这可能导致人类逐渐依赖算法的能力和它提供的意见。如果人类过度依赖算法，最终的结果可能就不是领导算法了，而是被算法领导。但人们是否会把这些算法视为领导企业的"候选人"呢？

算法能持续不断地学习，通过新的观点来提升认知能力。它通过这种方法获得的能力主要体现在数据处理速度、模式识别和提升数据透明度等方面，这些可以使企业更加智能，做出更加准确的预测。因此，让算法成为领导者似乎是有道理的。但我们目前所知的事实是，让算法当领导者并非易事，甚至可以说几乎不可能。

了解所处的环境

算法不可能像人一样，能直觉地意识到环境变化的影响，这种缺陷导致它不适合领导任何企业。

我们为什么要了解环境？

我们知道当今的算法非常先进，几乎能在所有比赛中打败人类。例如，国际象棋世界冠军加里·卡斯帕罗夫（Garry Kasparov）在1997年被"深蓝"（Deep Blue）打败。自此之后，技术的发展突飞猛进。时至今日，连我们手机里的人工智能程序都能打败很多世界冠军，但是它们只能在一个游戏的特定环境下击败人类——换个游戏未必能赢。这是因为，在现实中，算法并不知道自己在比赛。算法之所以表现出色，只是因为它比人类更善于分析和识别成功的行为模式，并利用这些模式来取胜。所以，如果算法不知道什么是比赛，我们怎么能指望其去领导其他人呢？

算法很可能不理解领导者为了取得成功，而在不同环境下运用的各种能力。例如，当员工感到有压力时，或者员工因情况变化不知所措时，算法无法表现出同理心。凭借着出色的分析能力，算法可以用于与管理相关的事务，但其缺乏软技能，因此不适合领导岗位。领导者是另一种生物，算法无法轻易替代。

正如本书第六章所述，那些软技能让我们成为独一无二的人，也成为领导者的最佳人选。这都没问题，但我们还需要解决一个问题：什么样的领导风格能充分发挥我们作为人的能力？

这个问题非常重要，关系到未来领导者在日益自动化的工作环境中需要展现的领导风格。下面我将阐述未来的两种重要的领导风格：目标驱动型领导和包容型领导。

目标驱动型领导的重要性

要使自动化员工高效地工作，它需要获取数据，数据是算法为企业创造价值所需的"新石油"。虽然数据常常被誉为当今企业的新资源，但事实上，一直以来，它都对商业有着重要的价值。

如今，随着人们越来越关注大数据，也越来越迫切地希望利用数据为企业造福。从一开始，商学院就教给学生创业的第一步也是最重要的一步是数据分析。实际上，商界人士都知道，他们只有掌握一定的数据，才能从中找到客户喜好、机遇和有显著增长空间的行业。

随着数字数据的使用，我们已经进入了一个新时代，处理数据的能力也成为备受重视的专业技能。今天，企业拥有的数据浩如烟海，从中找出重要数据和次要数据已成为一项重要的技能。现在的企业要比以往更加有效地组织整理数据，使不同的系统和部门都能使用数据。这种协调方法很有必要，因此企业需要能根据目标解读数据的领导者。当今的领导者要从优化商业战略的角度使用数据。他们不是已经这么做了吗？但是，如果我们倾听市场的声音，就会发现事实并非如此。实际上，各企业在构建数据结构和打造以数据为中心的文化方面，基本上都是失败的。[179]

问题可能在于，当今企业尚未建立一种组织和利用大量数据的文化。由于企业文化大多不符合数据驱动的商业环境的要求，因此只能认为企业缺少合适的领导者。那么，什么样的领导者才能确保在基于数据的商业环境中取得最佳成果？

要回答这个问题，我们需要先回答另一个问题：企业为什么要使用数据？

利用数据开发商业模式，能帮企业制定正确的战略来创造价值。商业模式描述了企业将如何经营，要重视哪些人的利益，采取什么样的行动，等等。因此，商业模式需要数据，也离不开数据。当然，并非任何类型的数据都有利用价值。企业需要的是能帮它确定战略、创造企业关心的价值的数据。企业所关心的价值取决于它的目标。目标明确了经营企业的原因，所以它应该指导企业的努力方向。

目标的概念在过去几年里逐渐深入人心。当企业进入一个复杂的新环境，意识到变革势在必行时，它应该回顾自己的目标，以此为指导制定战略决策。在这个过程中，领导者至关重要，因为他们要帮助员工专注于对企业最重要的事情。在数据明显左右着战略决策的年代，企业必须确保自己使用的是正确的数据——也就是说，数据必须与企业所追求的目标相关。当今企业切不可对目标含糊不清。当全体员工明确并接受了企业的目标之后，他们就能更高效地利用数据构建更优秀的商业模式。目标让员工专注于优先事项，这样才能更轻松地筛选出有用的数据。

面对这些挑战，未来的企业需要目标驱动型领导。目标驱动型领导就像一个指南针，能引领企业不断发展，最终走向成功。目标驱动型领导有两个需要开发和训练的重要方面（参见图2）。

首先，目标为企业愿景提供了主要内容。[180]当企业明确了自己的目标，就能展望它想要实现的成就。其次，明确的目标有助于确立企业所追求的价值观，以及员工如何在工作和生活中体现这些价值观。企业需要让其他人理解它的价值观，这样他们才能理解企业的经营理念，包括如何待人接物，更具体来说，他们能够理解企业的伦理道德观。

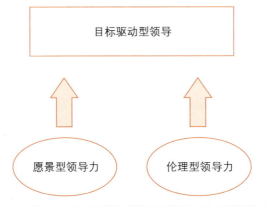

图2　目标驱动型领导具备愿景型领导力与伦理型领导力

愿景型领导力

当工作环境发生变化，人类员工与算法开始相互作用时，人们可能会担心失去工作，担心自动化对企业的长期影响，从而对算法提供的建议缺乏信任。这正是需要领导力的时候，让算法加入决策过程的前提，是其能提高人的效率。为此，领导者在表述愿景时，要充分解释让算法成为人类员工同事的必要性。愿景应该描绘出通向未来的这段新旅程面貌。

在自动化时代，这段新旅程的一大特征就是人与算法互相合作，共同创造。但是，为了实现这种合作，领导者要激励员工，并为他们赋权，这正是愿景型领导的工作。[181] 愿景型领导要将现在与未来联系起来，以此激励人们为未来创造价值。

传达愿景，能帮助人们将当下的努力与未来将实现的成就联系起来。[182]与此同时，这个变革过程让我们看到，对企业和员工来说真正重要的是什么。实际上，将现在和未来联系起来，能够为企业创造附加价值，从而吸引员工投入到变革之中。[183]

怎样提升愿景构想的能力？

愿景能够激励人们追随领导者所指出的方向，在工作中投入大量的时间与精力。毕竟，领导者需要他人的贡献才能实现有效领导。在自动化时代，只有当员工支持算法与人合作的愿景时，领导者才能发挥作用。此外，领导者还需要做什么来提升自身的愿景构想能力呢？

● 明确自己想创造的价值

愿景的表达意味着改变当下的状态，因此领导者要明确愿景能为自己和他人创造的价值。简言之，领导者选择的方向要符合他提出的价值。

为了突出这种价值，领导者需要保持积极性与活力。事实上，对于推动变革的领导者来说，保持适应能力是一项严峻的挑战。因此他必须保持身心健康，最重要的是始终维持自身的价值观，以此为他所做的事情设立目标。

愿景所体现的方向，必须对其他人具有意义。因此领导者要让员工明白未来将会怎样，为什么必须实现这个目标。愿景的构想应该使每个人都认识到，只有他们全力参与，才能取得成功。此外，员工还要明白，领导者的愿景（让算法成为同事）将促进企业的发展。

161

显然，要提出一个具有吸引力的愿景，并将它传达给员工，领导者需要做好充分的准备。成功的愿景型领导还需要练习情景规划。在这些练习中，领导者要想象用不同的方式表达愿景，并思考哪一种方式能最有效地将听众与他们需要完成的任务联系起来（即与算法协同工作）。

● 积极准备

愿景代表了某一指导方针的前景，它能创造价值，同时也对原有的工作方式形成了挑战。领导者要直白地表达愿景，但这可能会使员工感到自己被赶出了舒适区。因此领导者要精心构思要点，做好充分的准备，指出当前存在的问题。向人们发起挑战是一回事，但是，说服他们重视并认可自己提出的充满破坏性的观点，则是另一回事。

此时需要两种形式的勇气，领导者都需要率先示范。第一，领导者要勇于挑战人们习以为常的事物，并启动变革。第二，领导者要勇于锲而不舍地努力，将愿景变为现实。显然，如果领导者非常重视自己的愿景，自然就会有这样的勇气。这些努力不会消耗领导者的精力，相反对领导者来说意义非凡，使他充满活力。

● 通过交流创造价值

人们是否参与到领导者的愿景中，完全取决于他的交流能力。领导者要在与员工的交流中首先要交代背景，向他们解释为什么需要变革。他要说明未来可能遇到的挑战，这能帮领导者解释为什么他的愿景能够为企业创造未来需要的价值。因此，建议领导者向听众提供相关的数据。这些数据应该强调在他们所处的环境中发生了什么，这对企业意味着什么（价值观），这对未来意味着什么（愿景），他们需要怎样利用资源（员工）推动这一变化。

在自动化的背景下，领导者应该向员工解释清楚：商业发展要求他们将算法作为必要的平台，从而实现企业必须的价值。否则，算法可能会被视作威胁，而不是机遇。此外，当领导者不遗余力地推广新的多样性时，在措辞中应该强调"我们"而不是"它们"。正如我在本书第一章所说，现在人与算法的相互作用，仍仅限于"我们"与"它们"。要超越这种思维，领导者提出的愿景中要包括一个理念：只有合作才能实现价值。

伦理型领导力

追求目标的领导者以明确的价值观作为驱动。因此，目标驱动型领导者具有道德意识，能够做出合理的道德判断和决策。具有道德感的领导者能够激发员工的动力，使他们投入到工作中。试问，将一个你认为具有道德感的人和一个你认为不具有道德感的人进行比较，你更愿意追随谁？

我认为，对大多数人来说，答案显而易见。具有道德感的领导者更具影响力，因为我们认为这样的领导者诚实正直，关键时刻可以承担责任，因此我们尊敬他们，以他们为榜样，采取更负责任的行动。

而算法没有这样的影响力。算法不能在共同价值观和期望的层面与人类建立联系，更不能通过（从感情上）激励他人来体现人类认可的伦理价值观。简单地说，算法不能以身作则，因此无法让他人产生伦理思维。这种以身作则的能力，才是伦理型领导力的关键。伦理型领导者可以作为员工的榜样，为他们提供道德上的指导。[184]领导者通过自身正直端正的品行，从伦理的角度教育并激励追随者！

简化道德准则

综上所述，算法完全不能以符合伦理道德的方式领导企业吗？那倒未必。一些以伊曼努尔·康德（Immanuel Kant）的哲学思想为基础的伦理原则表明，人们应该以理性的方式选择正确的做法。例如，康德关于绝对命令的观点指出，人应该以基本的伦理原则为指导，例如，人们不应该说谎。这条原则适用于所有情况，相信在不久的将来，算法也能学会用这种方式进行伦理判断。这说明道德准则必须是一套适用于所有情况的普世原则。

但是，这种情况存在几个风险。

首先，算法学习，使用的大部分道德原则都是事先写好的脚本，都是固定的。如果我们接受了这种道德决策，就等于接受了遵循简化论方法的领导模式，这种模式无法应对现实中复杂的伦理问题。

其次，这种模式也容易出现有失公允的问题。每一个利益相关者对决策都有自己的看法，而领导者至少应该考虑到这些不同的观点。

因此，当伦理准则受到威胁时，领导者要了解各个参与者的利益，以及他们关注的问题。伦理型领导力之所以非常有效，正是因为这样能（从情感上）照顾到别人的观点与领导者所关心的问题。如此一来，领导者就创造了一个心理安全的工作场所，让员工可以勇敢地表达自己。

伦理型领导力不能只依靠理性决策模型，它必须建立在共情能力之上，并且兼顾所有参与者关心的问题。

通过自动化强化伦理道德

自动化时代下的伦理型领导力不能被算法取代。正如本书第六章所述，人类有一种特有的能力，能基于关怀和同理心做出伦理判断。如果没有这些独特的素质，伦理道德将变得机械化，最后可能沦为另一项需要勾选的任务。因此，我们应该更加认真地对待伦理道德，发挥算法在判断是非对错的过程中的辅助作用。也就是说，用算法提升领导者进行伦理选择的能力。

研究商业道德的学者指出了伦理型领导力的特点，发挥伦理型领导力的领导者既是有道德的人，又是有道德的管理者。[185]如果他们只作为有道德的管理者，他们需要遵守法律法规，构建伦理期望，并对员工负责。这种任务与行政管理的方法十分吻合。的确，法律与期望都可以用客观的方式验证。算法管理是必然的未来，因此算法可以充分用于伦理决策中涉及管理的方面。

但是，如果我们希望发挥伦理型领导力的领导者也是品行端正的人，这就是另一回事了。在这个层面上，这种领导者要有影响力，并能鼓舞人心，他要激励别人按照符合伦理规范的方式采取行动。如果领导者本身品行端正，他们会以更加真实的方式与别人建立联系。毕竟，即使算法站在伦理的立场上，与重视道德的领导者相比，后者似乎更能与员工建立深入的联系。因此，不能因为算法能对所有的道德原则进行理性分析，就认为它具备了伦理能力。

怎样培养领导者的伦理型领导力？

伦理道德在当今商界非常重要。伦理型领导力的主要目标是保证创造一种工作文化，使员工能充分理解伦理准则，从而能判断出正确的做法。领导者怎样才能有这样的影响力呢？

● 言行一致

领导者的行为是其价值观的最好体现，因此领导者必须言行一致。实际上，别人看到领导者的行为之后，会在大脑中自动归类，以这些行为判断他是什么样的人，然后才会说领导者是好人还是坏人。

因此，在对待他人时，如果领导者做不到始终如一，且信心不足，那些应该听从领导者领导的人，也很难对他做出判断。这样一来，员工无法将领导者归类为有道德的人，也不大可能遵守他提出的倡议。因此，领导者应该多反思：是什么驱动着自己的工作和生活？

根据自己宣扬的价值观，这些驱动力意味着什么？身为领导者，自己要怎么通过遵循和践行这些价值观来获取能量？

● 不要仅靠规则强行制定道德准则

众所周知，人人都不喜欢在不确定的商业环境中工作。因此领导者要尽快确定规则，降低工作中的不确定性和暧昧性。毫无疑问，规则能让员工知道该怎么做，但它真的能激励他们做最好的自己吗？答案是不一定。

为什么这么说呢？第一，规则确实可以构建一个框架，指导员工的行为。然而，规则通常是事后反应，是在错误发生之后实施的。因此，将规则作为领导者的道德罗盘是一种理性的行为方式，但它无法让领导者预见和理解道德缺失的情况。在伦理问题上，领导者无法主动出击，只能被动反应。这不利于培养领导者对是非的直觉，因此也无法提升他的伦理判断。

第二，人并非理性的生物，事实上，人往往是非理性的。[186]人未必会根据现有信息制定最佳的行为策略，相反，人的情感可能会干扰逻辑和对数据的系统性处理，从而使他们做出不同于理性模式下的选择。

从以上两点可以看出，如果领导者将一系列规则作为道德罗盘，并希望据此做出合理的伦理判断，那就错了，并不是说这些规则不能用，而是仅靠它们还不足以指导伦理判断，因此算法不能取代人类的伦理判断。上述两点缺一不可。

因此，领导者可以用规则来确立企业的道德规范，但不能因此阻止人们进一步开发自己的道德罗盘。除了一套明确的规则外，领导者还必须讨论企业的道德水准和道德期望。这样，即使面对必须解决的道德挑战——这套规则没有提及或解决的问题，人们仍然有能力做出正确的判断。

● 营造言论自由的企业文化

如果员工认为决策是公平的，那么他们会更加愿意对商业决策的伦理后果进行反思。为了使员工能够进行这样的反思，领导者需要赋予他们发言权，让员工有机会对企业的运营问题发表意见。这不仅能有效提高员工业绩，还能有效建立伦理文化。

事实上，给员工发言权能够提高他们的信任度与开放度，这对构建合乎伦理的企业文化至关重要。例如，如果员工认为某些商业行为存在问题，他们可以表达自己的担忧，这就说明企业文化中的伦理意识很高。提升伦理意识有助于人们在企业所重视的价值观上达成共识，也有助于向员工灌输一种文化——在这种文化下，如果出现道德上的过失，企业会尽快予以讨论并解决。

有趣的是，在监管严格的工作环境中（要求员工遵守规则），企业需要大量的财政投入，以支持监测系统的运行；而言论自由的文化却是一种成本低廉的心理学方法，可以激励员工自主形成伦理意识。

● 善待他人与自己

人总会失败，这是自然法则。的确，失败是人类经验的一部分，这是不争的事实。尽管失败是我们自身的一部分，但我们对自己和他人的失败，都有一种特殊的厌恶。这没有错，错的是这种厌恶促使我们（甚至社会）建立一个旨在彻底根除失败的制度。从人的天性来看，这可能是一种危险的做法。

我们知道，要想进步就必须学习。那么，学习是如何发生的呢？当我们可能遭遇失败，而条件允许我们花时间和精力去理解为什么失败时，学习就发生了。如果我们希望领导者建立一支符合伦理规范的员工队伍，就要经历同样的过程。事实上，如果人们遭遇失败，又没有人类领导者示范道德期望，那么可以肯定地说，有道德意识的工作氛围也不可能存在，人们也不会进行学习。为了完善伦理判断，人们需要了解失败的原因，相应地调整自己的行为。然而，算法做不到这一点，它无法与其他员工建立联系，因而无法营造有道德意识的企业文化，也不能通过一段时间的反思进行学习。

总结：目标驱动型领导者的优势

随着自动化程度日益提高，企业越来越需要目标驱动型领导者，原因如下。

决定数据的优先顺序

当今企业希望将不同类型的数据进行整合（例如，将人力资源数

据与社交媒体数据结合）。将传统数据（可在企业内部直接获得）与
线上数据结合，可以呈现出大量的结构数据与非结构数据。那么，我
们要如何看待这么多数据，该用哪些数据集来回答我们的问题呢？在
进行选择时，领导者必须知道自己希望创造哪种价值，企业的目标是
什么，就企业为不同参与者创造的价值而言，这个目标意味着什么，
等等。明确这些问题的答案有助于领导者确定最重要的数据。

提出正确的问题，制定正确的策略

筛选出最重要的数据之后，领导者要知道哪些问题需要回答，也
就是说想让数据告诉自己什么。

回答正确的问题有助于制定正确的战略。正确的问题有助于确定
实现企业目标需要采取的步骤。这些步骤的确定——基于领导者对环
境的准确认识——对企业制定必要的战略有重要的影响。

为数据分析提供焦点

明确了问题并经过初步分析后，领导者又面临另一个意想不到的
挑战。这时，目标就像一个向导，使领导者关注这些挑战，同时重新
思考目前使用的数据处理方法。此时，领导者或许会发现，以前认为
无关紧要的数据，现在成了描述企业最佳战略必需的数据。这种现象
再次强调了数据在企业内部广泛共享的必要性——数据的使用不应仅
限于数据科学家。所有部门都应该有访问数据的权限，因为面对新的
挑战，领导者可能需要新的视角来评估问题。在这种情况下，从其他

部门的角度出发，能为数据科学家提供帮助。

根据新的商业要求与企业价值观，制定相应的有价值的战略

非结构化数据可以让领导者看到预料之外的趋势，或者认识到不属于初始商业模式的新要求。分析软件供应商SAS表示，这些新的事实可以直接推动企业制定成功的战略。

与此同时，非结构数据也会带来诸多不确定性，例如，影响我们如何看待数据。这种现实驱动的决策需要一个指导性的框架，而这种框架需要由目标驱动型领导者来构建。的确，出现非结构性数据之后，领导者要解释怎样从企业战略的角度分析数据，从而创造企业需要的价值。

解释数据收集和分析的原因

收集和分析数据可视为一种侵入行为，因此会被认为侵犯了被采集者的隐私。的确，参与者可能认为数据策略是控制他们的一种手段。因此，领导者有必要根据企业希望创造的价值，向人们清楚地说明让他们提供个人数据的原因。否则，他们会把数据收集和分析视为最终目的，而不是实现更大价值的方法。目标驱动型领导者要解释数据科学家的工作目标以及他们的专业技能如何帮助企业提升价值。只有企业树立了共同目标，并以此为基础解释其数据方法，员工才能配合数据收集与分析工作。

包容型领导的重要性

让算法加入人类劳动，会创造一种新的多元化环境。在这个环境中，人与机器协同合作，其目标是提升人的能力，优化企业创造的价值。为此，领导者必须秉持合作精神将所有的参与者团结起来。

要在人与算法之间建立合作关系，企业需要营造一个包容的工作环境。为了实现这个目标，领导者要以共同利益为导向，积极发挥每个团队成员的潜力，创造企业所需的附加价值。因此，包容型领导者的关注点不在于对他人施加权力和影响，而是营造一个环境，让每个人都能参与进来，大家共同努力。[187]

包容型领导者要改善工作条件，促进所有员工积极参与。当然，要达到这样的参与水平，领导者必须表明他们接受新的多元化理念，并积极支持这一理念。此外，领导者还需要在人与算法之间建立联结。

由于人需要利用算法来提升自身能力，因此这种联结没有机械化的脚本可以遵循。相反，包容型领导者能够促进对人和算法的信任和尊重。其领导者的目的是确保员工接受技能的多样性，激励员工整合所有观点，创造新的有价值的成果（见图3）。

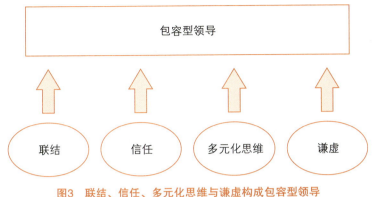

图3　联结、信任、多元化思维与谦虚构成包容型领导

联结

领导者何时发挥效能这取决于他个人的表现，还是取决于他如何让别人表现？

到目前为止，后者显然多于前者。领导力是企业变革的驱动力，而企业的成功转型则需要集体动员。领导者应该激励人们向着一个方向前进，这样才能实现变革。因此，如果领导者能激发集体的积极性，他们才能有效地发挥领导效能。

因此，有效能的领导者需要与他人建立联结。领导者要投入时间、精力和资源来与他人建立高质量的关系，而关系一旦建立，这些投资也会得到回报。要找到正确的联结方式，领导者首先要知道人们的驱动力是什么，他们的愿望是什么，他们想取得怎样的成就，以及原因是什么。

　　如果能够经常进行真实的交流，人们会产生更紧密的联系。因此，包容型领导者要做一个优秀的沟通者，同时也要当个好的倾听者。倾听将人们凝聚在一起，接近彼此的距离，因此可以视为包容型领导力的重要组成部分。能够将员工组织在一起并使之和睦相处的领导者，会用包容性的语言强调所有成员之间的联系。[188]或许你会好奇，如果说包容型领导者可以与别人建立联结，是不是说明他的最强项是安静地听别人反驳他？这不是一种被动的方法吗？

　　然而，并非如此。

　　要在人与人之间建立联结，必须以一个共同的话题作为平台将人们联系起来。平台的优势在于让每个人都能获得信息，一旦人们围绕一个共同的主题展开交流，就会产生联结。但是，在参与这个平台建设之前，领导者需要先做一些别的事情——要找到一个人们普遍感兴趣的主题。那么，领导者该从哪里得到这些信息呢？

　　没错，从提问开始，然后坐下来，准备倾听。或者更简单地说，领导者需要听一听别人到底在谈论什么。倾听这种行为比大多数人想象得更加综合。倾听不是一种被动的行为，因为领导者在倾听时要努力将信息汇总起来，找到人与人之间的相似之处，建立强大的社会关系。

　　倾听不只是找出人与人之间的联系。担任纽带的领导者将员工组织在一起后，还需要进行动员。在这个阶段，沟通同样重要。员工建立联结之后，领导者要动员他们按照预期的目标携手共事。为此，领导者需要向他们传达明确的信息，这种信息要有感染性，能激励员工支持领导者的事业。这种沟通能力与愿景构想的能力密不可分。众所周知，愿景型领导善于运用巧妙的话术，通过描述愿景将员工联系在一起，从而提升集体的表现。

如何提升领导者的联结能力

随着对数据共享的需求日益增加，企业各部门不再独立工作。为了确保企业的数据透明，领导者需要掌握一定的技能，将各部门凝聚在一起，并以有效的方式将他们联系起来。善于建立联结的领导者能做到以下几点：

- 建立先听后说的规范

如果每个人潜在的贡献都能得到认可和采纳，那么在不同的团队之间建立联结才能实现价值最大化。因此，领导者需要为企业建立规范，即以积极的方式收集和分享这种贡献。如果员工每个人能够互相倾听，这种分享就更容易实现。只有这样才有交流的空间，从而使信息更容易浮现出来。将信息收集起来以后，谈话就可以开始了。谈一谈各自所知道的事，有助于领导者将所有可用的信息整合起来，并激励员工提升业绩。在倾听和交谈的相互作用中，包容型领导者和目标驱动型领导者才能共同工作。

- 强调其他观点的重要性

倾听意味着一个人要站在另一个人的角度上去思考问题。虽然每个人的观点不尽相同，但如果领导者愿意从他人的角度看问题，就能对他人产生同理心。从别人的角度看问题，可以帮助领导者从认知上理解对方所说的话以及这些话对他的重要性。同理心是一种情感能力，能让人明白对方说出这些话的原因。而且，将"我听你说"和"我理解你"结合起来，不正是建立联结的最有效的方法吗？

● **鼓励相互交流反馈意见**

把不同的人聚集在一起，不是一种一次性的行为。企业的目标是，在人与人建立联结后，使其建立长期的关系，以促进各自的持续发展，从而随着时间的推移创造更大的价值。为此，人们需要彼此理解，但这种理解也要随着时间的推移而更新。因此，在建立联结时，领导者还应建立一种规范，让不同的人互相提供反馈意见。反馈是一种学习手段，人们可以通过反馈，加深对彼此的了解，从而建立更牢固的联系。它可以帮助领导者做出必要的修正，并完善领导者的工作内容。

信任

毋庸讳言，产生了信任感之后，人们才会加入团队，也更容易与他人建立联系。信任是社交的润滑剂，或者说是黏合剂，能够使不同的人互相配合，展开合作。这一点非常明显，以至于很多人不会有意识地思考建立和维护信任的必要性。但当信任消失，我们会突然发现，一个包容的工作环境所带来的正面效益也会随之消失。正如著名的投资商沃伦·巴菲特（Warren Buffett）所说："信任像空气——存在时我们感觉不到，可它一旦消失，人人都会注意到。"

只有当信任缺失时我们才会行动，这当然不是应对不信任感的最有效方式。相反，领导者应该知道，自己需要在行动中建立信任，这是逐步建立忠实的包容型团队的秘诀。换句话说，领导者要意识到，信任无法分配，只能由他自己建立。

显然，这要求领导者必须有建立信任的能力。与生活中的很多事情一样，要建立信任，首先要理解什么是信任。在社会科学中，信任强调人们彼此的信念与期望，它的定义往往强调信任的主观性。因此人们常说，信任存在于他人眼中。[189]

反过来，这些信念又会影响人们对信任的表达。社会认为，信任是"一种心理状态，愿意根据对他人意图或行为的积极预期而承认自身的脆弱性"。[190]这意味着，如果人们相信对方有能力、诚实且没有剥削自己的动机，那么他们甘愿向对方示弱。而且，如果人们愿意在别人面前示弱，他们就会做出更加积极的行为。事实上，多年来的大量研究表明，一旦员工相互信任，他们更有可能合作、分享信息，并在工作和人际关系中感到快乐和满足。[191, 192]

建立信任从领导者开始

假设包容的工作文化依赖于信任关系，那么领导者应该通过自己的行为证明他们值得信赖。领导者应该主动在企业中树立值得信任的形象（记住，信任不能被分配）。尽管这对许多人来说似乎显而易见，但实际上，建立信任的过程并不容易。很多时候，大部分人都不会自愿承担被剥削利用的风险，所以我们都在等待别人迈出第一步。然后呢？

如果没有人迈出第一步，我们就把希望转移到第三方的身上。第三方通常是一种监测或者其他类型的控制系统。有了这样的控制系统，我们相信其他人不会利用我们，因为他们正被监管着。但是，这真的是我们所说的信任吗？是包容型领导所需要的那种信任吗？答案是否定的。

诚然，当控制系统存在时，我们相信系统本身的可靠性和准确性。然而，这并不意味着我们也会相信其他人的行动。毕竟，控制系统可以监视甚至惩罚他人的不合作行为。出于对惩罚的恐惧，人们会合作。但他们这样做不是因为真的想合作，而是被迫这样做。那么，我们使用了控制系统之后，还能了解这些人的真正意图吗？什么也了解不到，而且会给信任的建立带来问题。

包容型领导者要将人们召集起来，让团队的各个成员都来创造价值。这需要人们彼此真诚，互相信任。显然，这种信任不同于在控制系统下形成的所谓信任。我们需要的信任是人们愿意彼此示弱，在共同的价值观、尊重与合作意愿的基础上建立关系。要使一群人达到这种状态，就需要领导者做出示范。事实上，我们知道，有效的领导者都会以身作则。如果一个领导者做了该做的事情，其他人也会效仿并采用同样的思维方式。

那么，领导者该如何示范信任呢？他们需要承认自己的脆弱性。他们要怎么承认自己的脆弱性呢？在危急情况下信任他人。实际上，我们通过研究发现，如果领导者愿意信任他人，大部分人也会予以回报。[193]正因如此，人们才会说，信任孕育信任。领导者必须针对企业中员工的行为制定规范。这种规范能给彼此信任，从而营造合作的工作环境。当然，产生了信任之后，我们还要进行维护和深化。

培养信任的方法

建立信任的方法就是需要给人留下一种值得信任的印象。[194]信任存在于他人的眼中，因此，如果别人认为领导者是一个值得信任的人，他们就会认为领导者在真心实意地建立信任。当别人将领导者视为可信赖的人时，其实也体现了他在企业中的威望。因此，提升和保持他人对自己的信任感，这大体上也符合所有人的利益。那么，领导者该怎么做呢？有什么神奇的方法吗？

研究发现，有三个方面与这一问题密切相关。第一个方面是领导者要展示自己的能力。人们想知道领导者是否有能力胜任工作，因此领导者要有所作为，还要知道其他人在做什么。当然，能力与领导者的专业技能密切相关，因此对人们来说，它也具有一定的意义。也就是说，医生应该是健康方面的专家，但人们不会期待这个医生能修好你的汽车。所以，能力仅限于特定的领域。此外，认为某人有能力也是一个灵活的概念，也就是说，能力是可以习得的。因此，如果某人不具备某种必需的能力，但我们认为他可以通过培训和教育习得这种能力。通常情况下，人们很快就能看出领导者的能力。

但第二个方面人们可能需要花些时间才能被发现，因为它涉及正直，正直是指人的正义感和价值观。正直的领导者受到目标的驱动，知道自己所追求的价值。正直的特别之处在于，它不是一个灵活的概念。如果我们发现有人违反了正义准则，做出不诚实的行为，我们马上就会认为他是一个坏人。

有趣的是，这种坏印象一旦产生就很难再改变。我们坚持一种说法："坏人永远是坏人。"之所以会形成这种刻板印象，是因为我们认为待人接物的方式体现了个人原则。如果你行为不良，人们就会认为你就是这种人。因此我们常说，领导者要言出必行。言行不一会让人质疑其是否正直。

第三个方面是仁慈。仁慈的领导者能够兼顾其他人的利益，这是发展积极健康的关系的基础。因此，仁慈的领导者就像社交黏合剂，让人们关注每个人的利益，从而拉近彼此的关系，使其更加团结。

如何提升领导者的信任度

值得信任的领导者的言行举止会给其他人留下以下印象：

● 有能力的人

领导者必须让他人相信自己可以兑现诺言。评估这一点最直接的方法，是成功执行决策并取得成果。但结果往往取决于形势的需要。在自动化的工作环境中，领导者要了解未来的技术挑战，向人们展示自己将如何应对这些挑战。更重要的是，领导者不要承诺过多。承诺听起来不错，但它会提高人们的期望。如果领导者无法兑现承诺，人们对他的信任也会因此丧失。

因此，领导者要表现出自己在技术方面的娴熟，并且有能力做出正确的战略决策。同时，如前面所述，领导者不必成为一个程序员，但他要了解我们今天面对的技术革命所带来的挑战。从某种程度上说，21世纪的领导者要将专家组成的团队集合起来，优化数据的应用，从而创造预期的价值，以此彰显自己的能力。

例如，领导者要以透明高效的方式，将数据科学家团队、人力资源部门和财务部门联系起来，从而提高数字化转型战略的成功率。数据科学家团队能协助同事找出信息数字化的可能性；同样地，其他团队也可以帮助数据科学家了解他们的需要，并对用户友好的数字化环境的设计提供意见。最后，成功并非一蹴而就，领导者必须定期向不同的部门更新应对挑战的新情况。尽管人们都想通过实际结果来判断一个人是否能胜任工作，但提供进展相关的信息，也有助于让他人对领导者的能力产生良好的印象。

● 正直的人

让员工认为领导者诚实且秉持正确的价值观，这一点至关重要，尤其是在自动化工作环境下收集数据的时候，因为数据的使用存在着许多敏感问题：为什么要收集数据？如何使用这些数据？人们的隐私是否能得到保护？

领导者要提升自己在他人心中正直的形象，需要与他人进行开诚布公的交流，确保他人了解技术的使用及其目的。此外领导者还应做到言行一致，因为人们期望领导者的行为能兑现他的承诺。如果辜负了人们的期望，领导者的声誉会严重受损，人们也会怀疑领导者的意图和承诺。最后，做一个正直的人也意味着领导者必须尊重他人。如果领导者在对待他人时能发挥人所独有的能力，那么不论他取得了什么成果，人们依然会相信他。在区分过程（如何对待他人）和结果（如何奖励他人）时，领导者可以展现自己对其他人的重视和尊重。

● 仁慈的人

不管怎么说，人们都希望自己的利益能够得到保护。当员工在工作中遭遇挑战时，领导者能否及时地给予关心和支持，也是评价其领导力的一项标准。特别是在当今自动化时代下快速变化的工作环境中，员工都想得到安全感。领导者不能因为有了更先进的技术，就忽视了对他人的人文关怀。事实上，他们要做的恰恰相反！当然，这些关怀会占用领导者更多时间，需要领导者付出更多努力，但开明的领导者需要为此做好准备。

此外，新技术的应用远不够完美，许多企业数字化转型的失败就是明证。在这种时候，领导者可以表达自己对企业数字化转型中的困难与颠覆的理解，以此来改变员工的认知。

● 进行透明化沟通的人

当企业发生变革时，工作的复杂性和速度也随之上升。对于领导者来说，重要的是在企业变革过程中与员工保持清晰透明的沟通。在当今数据驱动型的企业中，透明化的沟通变得更加重要。领导者需要进一步提升数据透明度，确保每个人都知道哪些数据是可用的，以及如何使用这些数据。

当今技术革命需要一种更加开放和去中心化的工作方式。因此，今天的员工拒绝将不断增加的数据集中化，并由少数管理者控制。在21世纪，领导者需要制定一个开放的数据存取政策，建立起员工对他的信任，实现数据的透明化。如果数据透明度低，企业的诚实度也会遭到怀疑，员工心中立刻就会产生质疑和不信任。

多元化思维

当人们身处同一个团队时，个体之间的相似性和差异性会立刻突显。领导者该如何处理这些差异？这些差异对集体是一种颠覆还是价值？

答案是后者，这就是多元化的价值。社会和企业都将多元化视为应该重视的一项重要价值。包容型领导者非常重视多元化，这也是他们广受爱戴的原因之一。包容型领导者认可多元化价值，并利用多元化观点来实现他们的愿景，创造更多的价值。

多元化管理人

能够欣赏不同的观点，这可能是未来人才必须掌握的技能。英国伦敦商学院教授、管理思想大师琳达·格拉顿（Lynda Gratton）指出，未来将出现一个职位——多元化管理人。这一职位的任务是积极寻求新的视角，从失败中吸取经验教训，以提高企业的效能和适应性。这份工作非常有意义，特别是在领导者需要在任务中向人类员工和算法赋权，同时集中他们的力量为企业创造价值的时候。

包容型领导者也需要尝试多元化。包容型领导者能够将多元化视为一种优势，而不是缺陷，因此应该尝试多元化，并从中学习，生成一套坚定的多元化信念。这些信念是一种意识，即多元化可能有益，也可能导致冲突。[195]这种意识又转化为一种信念，即多元化有助于促进包容性。

试验与失败

然而，只有这种信念当然还不够。领导者一定要做点什么！也必须认识到，多元化有可能给集体带来的正面和负面的影响。作为一个包容型领导者，他必须积极尝试多元化，并且要有能力应对失败。即使失败，也不要放弃多元化，最重要的是从中吸取教训。而且，领导者要面对现实——在一个不断发展的自动化工作环境中，数字化尝试有时会失败，这是不可避免的。

在这种情况下，企业需要有耐心和愿意尝试的领导者，同时也会对员工表示同情。事实上，如果领导者的目标是提升员工队伍的多元化，那么他就要有包容心和同理心。众所周知，富有同理心的领导者能使工作场所的其他人获得安全感，这是进行试验的前提条件。事实上，神经影像学研究已经发现，富有同理心的领导者能够在员工间建立信任，从而将多元化转化为有效的工作关系，使员工高度忠诚于这样的领导。[196, 197]

如何提升领导者的多元化思维

随着工作场所逐步实现自动化，企业将出现新的挑战和新型员工，同时也要探索新的工作方式。在这种情况下，领导者需要将新的工作文化的各个方面结合起来，因此他要能够充分利用多元化的思维。为此，领导者需要做到以下几点：

● 理解多元化的价值

在实现愿景的过程中，领导者要做许多决策。在新的多元化工作环境下，这些决策变得越来越复杂。在人与算法共事的新环境中，当领导者要做出重要决策时，应从不同的角度进行思考。多元化有助于领导者从不同的视角看待同一个问题。因此，认识到多元化是决策过程中的一大优势，这意味着领导者真正理解了多元化劳动力的价值。

为此，建议21世纪的领导者要积极地在工作环境中寻找新视角。领导者要学会将各参与者的已知事实和需求，与企业期望创造的价值结合起来；并在这个过程中，要通过不同的参与者收集信息，从而形成多元思维。多元思维的形成使领导者的工作更加高效，这不仅是因为它有助于理解不同参与者的视角，还能将不同的视角整合到一个综合行动计划中，这对愿景非常有意义。

● 形成敏捷的思维

只意识到多元视角的价值还不够，领导者还要有效地利用这一点。我们生活的时代常被称为VUCA时代，即它具有易变性（Volatile）、不确定性（Uncertain）、复杂性（Complex）与模糊性（Ambiguous）。

算法进入商业领域，导致商业经营变得更加困难。因此，领导者需要营造一种文化，让新技术的引入符合员工学习的意愿。这种学习文化保证了技术知识的持续分享，从而能优化跨职能团队的工作。[198]而对变化的适应能力，会促使领导者从不同的角度考虑问题和变化。

● 意识到偏见

人类并不是理性的生物。非理性的本性，使人类在判断和决策时容易受到偏见的影响，特别是面对多元化问题时。研究表明，人们很容易偏袒某一种观点，其原因在于，在内心深处（潜意识层面），人们会更加偏爱某一个群体，而这种隐含的观念，最终会影响人们的决定和行动。

　　因此，人类可能总是偏袒人类视角而不是算法视角。这种偏见多少有点道理，但我们要确保自己的偏见不会导致我们忽视算法提供的附加值。因此，未来的领导者要认识到这些偏见，并知道如何应对不同参与者的偏见。领导者的第一项任务是努力消除已经意识到的偏见。第二项任务是提高自己对偏见的认识，尝试找出自己在哪些方面表现出这种无意识的偏见。这一步需要领导者把某些决策政策、过程和结构落实到位，保证自己不受这些无意识倾向的影响，最好一开始身边就能有人不断提醒他：注意不同的观点。

谦虚

　　包容型领导者能将所有参与者联系起来，这种多元化的开放态度使其广受赞扬。同样值得称赞的是，领导者能从差异中看到优势，且不畏惧尝试各种各样的方法。对包容型领导者而言，其要为员工营造一种心理上安全的工作环境，在这种环境中不存在偏见。如果人们互相信任，就更容易接受、讨论和包容分歧。因此，我们会探索不同的工作方式，成功的可能性也随之增加。我们甚至可以由此推断，偏见会使我们的机遇减少。

领导者请改变自己

　　当然，让所有人都创造价值并非易事。领导者必须对自己持有的假设持批判性态度。从某种程度上来说，领导者要自己跟自己唱反调。当我给企业高管们上课时，经常强调，当领导者提出新方案却没有遭到他人反对时，领导者有责任进行自我批评。听到我这么说，很多企业高管都感到惊讶，不明白为什么要批评自己的想法，都觉得如果大家都同意，那不是最好的结果吗？

当然，我们都希望自己的想法被他人接受。但是，如果没有人提出质疑，这可能隐藏着另一层含义：我们之间没有信任，或者人们不敢表达质疑。或者更糟糕的是，人们觉得挑战领导者是浪费时间，因为他根本不会听。如果领导者看不到这一点，那说明领导者的心态不够开放，对团队中的社交动态不够关注。最糟糕的是，这可能反映出领导者不够谦虚。

提倡自下而上的思维

社会学家对谦虚的定义是：以成就证明自己，不求成为他人关注的焦点，将自己视为与他人一样的人。[199]谦虚是一种道德价值，使人愿意接受他人的意见，同时对自己的假设持批评态度。有了这样的态度，人们就不会只关注自己，在面对更广泛的机会时，可以做出更好的选择。

事实上，在日益动荡多变的环境中，谦虚是有效领导的关键。[200]在这种情况下，企业需要领导者迅速行动，从不同的角度思考问题，广泛汲取智慧。而谦虚的领导者正好符合这些要求。

研究表明，在征求他人的意见时，态度谦逊的领导者在团队和整个企业中会自下而上地激发员工的积极性。[201]换句话说，谦虚的领导者会坦率地承认自己所不知道的事情。因此，谦虚的领导者非常拥护自下而上的循环，在这个循环中，较低层次的想法会向上移动，并影响组织。

领导者怎样变得谦虚

谦虚的领导者清楚自己知道什么和不知道什么，这有助于他们创造合作的文化。谦虚的领导者可以做到以下几点：

● 接受广阔的视角

人们通常喜欢坚持自己已经知道的东西，并按常规方式行事。人类的生理结构并不鼓励自身去探索其他的思维和行为方式。相反，大多数人会形成一种心态，即其他人可能会像我们一样思考和做事。事实上，人类非常善于否认思想和行为的多元化。谦逊的领导者会承认，并非所有人都会像自己一样思考和行动，并能将注意力从自己的观点转移到周围人的想法、看法和观点上。

● 善于倾听

意识到自己的长处和短处，会逐渐促使领导者观察和倾听别人的行为和想法。当然，承认自己的弱点，首先要求领导者愿意示弱。领导者要淡化人人都想为自己塑造的完美形象。谦虚的领导者是实事求是的，能够认识到自身能力的局限性，因此也更加愿意求助于他人，征求他们的意见和帮助。这里有一个诀窍，领导者要明白，承认弱点并寻求他人的帮助，并不意味着自己没有能力，相反，这是一种优秀的品格。

● 勇于承认错误

领导者也是人，偶尔也会犯错。如果领导者愿意分享自己的失误，就能与他人建立更加深入和真实的联系。但如果他只习惯做力所能及的事，以此将自己塑造成完美的人，那么实际上，人们会视他为非人类。这样一来就拉大了领导者与他人的距离，他人也不会听从领导者的领导。因此，对领导者来说，谦虚能让他人看到自己人性的一面，从而加深彼此的联系。

总结：包容型领导者的优势

随着新玩家（即算法）加入企业，领导者更加需要有开放合作的心态，确保技术的应用能创造企业所需的价值。任何一个采用自动化的企业，都要重视包容性的思维与行为，因为它具有以下优势。

使不同的部门协同合作

大部分企业存在的问题都是各部门孤立工作。很多人认为，工作就是完成自己的既定目标，因此不会考虑工作之外的要求。这意味着各个部门只会完成他们需要做的事，在自己的所有的必做事项上打钩，很少关注其他部门的工作。结果，企业很难以合作的方式开展工作，即将全部信息汇总起来以做出最佳决策。算法成为劳动力之后，这种孤立现象可能会更加普遍。

说到算法的使用，孤立工作带来的风险主要有两部分。第一，各部门会以不同的方式使用算法，这意味着他们无法就企业整体如何利用算法实现目标这个问题达成综合性的观点。第二，一些企业比其他企业所用的算法更多，从而对自动化工作产生不同的态度，这将使企业数字化转型的过程变得更加困难。

使数据科学家团队融入企业的日常经营

随着企业中的工作环境逐渐实现自动化，企业将聘用越来越多有工程和数据科学背景的员工。这些新员工对新技术有着专业认识，并且能够利用大数据完成工作。但问题是，这些专业人员的思维模式，往往不同于那些没有受过工程与数据科学训练的员工。企业常常忽视了这种思维模式上的差异，导致数据科学家难以融入企业。

企业要实现自动化，所有业务都会受到影响。因此，数据科学家团队应该了解财务、销售、人力资源等部门的目标。此外，企业还应该做好准备，让其他部门以开放、合作的态度对待数据科学家的加入。只有本着开放的态度，算法才能顺利融入各个部门，并得到有效的利用。[202]

提高数据交流的透明度

企业要想在未来取得成功，必须学会处理数据和使用算法，对于这一点，我们现在已经深信不疑。为此，第一步是要确保数据的获取与存储方便用户使用；第二步是让所有人都可以使用数据，也就是将数据"民主化"。

第一步相对简单，但第二步常常因缺少包容型领导而以失败告终。的确，当技术得到广泛应用后，最大的问题往往是人与人之间缺乏合作，而这是自动化能取得成功的必要条件。一个更加包容的工作环境，有利于信息的获取和共享。因此，数据管理的透明化政策需要个人、团队和部门互相沟通，企业领导者也要培养员工的合作思维。

以客观的方式为算法赋权

如果人们有包容的心态，就更容易将算法当作同事，也就会将算法视为团队的一部分！为了达到这种包容程度，人们应当与算法建立一种联结感，而不是距离感。包容的企业文化有利于实现这一目标。包容型领导者要帮助员工理解算法的价值，从而营造这样的企业文化。为此，领导者可以为员工创造接受继续教育的机会，帮助他们了解技术的优势。

保持谦虚的态度，努力成为技术达人

算法的出现，可能会使不同部门之间出现技术知识的差异。因此领导者要营造安全、可信的氛围，使人们敢于承认自己对新技术的认识存在不足。这样的氛围有利于企业建立一种文化，使员工在这一专业领域互相帮助。此外，这种开放的工作氛围，也有助于企业了解哪些部门需要加强培训，以认识算法的价值，从而实现企业的整体目标。

人工智能被标榜为这个复杂多变的社会的下一个"英雄"。在电影中，我们常用英雄来体现自己缺失的能力，在这一方面，人工智能也不例外。的确，我们希望无限制地优化自身能力，在此驱动下，我们的社会迅速接纳了算法。实际上，我们已经设计了许多算法，似乎足以应用于我们可以想到的各个领域。

算法的主要优势在于其能高速处理大量数据，揭露在缺乏技术支持的条件下，人们难以发现的趋势和见解。显然，这是一项出色的技术，可以改善（或者说完善）我们的社会运作方式。2009年，高盛集团（Goldman Sachs）董事长兼首席执行官劳尔德·贝兰克梵（Lloyd Blankfein）表示，银行家做的是上帝的工作。而现在我们似乎把算法推到了一个新高度，它不仅接管了银行家的工作，甚至还接管了上帝的工作！

人工智能的上帝般地位也没有逃过企业领导者的注意。人工智能在工作时能保持理性、专注和系统化，而且在进行信息识别时比人类更加精确。在企业领导者看来，算法可以成为企业决策过程中的完美顾问。甚至可以说，算法是一种保持头脑冷静的工具，帮助企业做出不受情感左右的决策，可谓是完美的决策机器！也许的确如此，但我想我们都已经意识到，企业的成功终究不能只依靠冷静的方法。相反，企业更需要温暖的方法。

所谓温暖的方法，通常需要领导者以正确的态度来评估各个参与者的利益对决策的重要性。关于"企业希望通过决策创造哪种社会价值"这一问题，今天的企业比以往任何时候都更需要知道答案。

2019年夏天，摩根大通集团（JP Morgan Chase）首席执行官杰米·戴蒙（Jamie Dimon）主持召开了一次商业圆桌会议，来自美国各大企业的领导者出席了会议。会议表示，企业所做的决策不能只体现股东的利益，应该体现全体参与者的利益。因此，当今企业开始公开反对著名经济学家米尔顿·弗里德曼（Milton Friedman）的观点：企业的社会责任就是增加利润，即企业的唯一目标是股东的利益最大化。[203] 从某种程度上来说，弗里德曼的意思是，提高股东价值符合伦理道德。

今天，我们更加清楚，随着科技化程度的提高，我们的社会可能会变得冷漠。领导者除了理性计算并通过深入的数据分析发挥最佳功能外，还有必要强调合理的道德判断的重要性，它能满足决策影响下的所有人的需求，解决他们关心的问题。从这个现实的角度来看，企业及其领导者在数字化转型过程中，必须始终注意算法带来的机遇和局限性。

算法的应用毫无缺点吗？

我们要解决的第一个问题是，数字化转型并非意味着人将无事可做。但是，算法已经开始渗透到企业内部，这使人们不禁产生了担忧。目前为止，算法已经得到了广泛使用，加上它可以进行深度学习，因而被今天的企业领导者视为最有效的商业工具。这种工具能降低企业的运营成本，同时提高工作效率与质量，使企业有更多精彩的可能性。实际上，大量证据表明，当今的企业领导者已经完全接受在未来依赖自动化劳动力实现突破。为什么不这样做呢？少花钱，多办事，这听起来是桩不错的买卖，不是吗？但是我们扪心自问，这是不是听起来太好了，好得让人难以置信？或者我们换一种说法，在企业的巨大热情中，我们是不是遗漏了什么？

被遗漏的那件小事就是，我们没有意识到，当我们接纳了最优化的观点，并因此渴望创造一个完美世界时，很可能在这个过程中失去人的身份。实际上，这可不是一件小事。企业逐渐增加算法的使用，最初的意图是（且一直是）完善人类社会的工作方式，我们绝不希望看到，随着人工智能的发展和应用，我们最后忘记了它的最终服务对象——快速发展社会中的人。

最终的使用者是人而不是技术。我们创新人工智能的应用，不是为了建立一个让算法成为最终用户的社会。如果真的让算法成为最终用户，那么我们可以说，今天人工智能革命的目标是尽可能开发出最完美的技术——不论我们想建立一个什么样的社会。如果事实的确如此，那么我们现在发展技术只不过是为了让技术更加完美，那么亲爱的读者，这场由人工智能推动的革命的最终用户的确就是算法本身。

最终用户是技术吗？

有人可能会说，我们永远不会走到那一步。但相关事例已经证明，刚才提出的问题可能比我们想象的更加现实。2018年，有人披露，多达8700万的Facebook（俗称"脸书"）用户的数据被泄露，并被用于研究和政治。人们纷纷指责"脸书"创始人兼首席执行官马克·扎克伯格（Mark Zuckerberg），并且怀疑他是否重视人类用户的隐私。

的确，这里的最终用户是你我这样的人类，但他为何对这些用户的数据如此轻率？难道他没有意识到，自己作为创始人，不仅要负责技术进步，还要保证客户的权益吗？为了回答这个问题，让我们回顾一下魔鬼经济学电台（Freakonomics Radio）于2017年6月对马克·扎克伯格进行的采访，他说："隐私当然很重要，正是因为人们知道自己的隐私受到保护，才会登录'脸书'，分享内容，自由地与他人交流。"

"脸书"的创始人知道隐私对人类用户的重要性，也意识到要谨慎对待用户的隐私，但是只过了一年，我们就看到，他根本没有认真对待用户隐私及其带给人类的价值。相反，对马克·扎克伯格这样的人来说，他们的首要目标是创新和炫耀技术发展（能让自己的企业看上去很酷），而不考虑这对未来社会带来的后果。马克·扎克伯格的做法体现了我所说的"创新导向偏见"。[204]他想通过创新实现创新的目标，也就是为了创新而创新！这种倾向可以称之为盲点，也就是说，如果我们执着于创造有无限可能的独一无二的东西，我们就只能看到创新本身的价值，结果常常导致它的最终用户乃至整个社会受损。

"脸书"的情况就是如此。直到面对法院听证会，被迫思考自己在技术创新中的作用时，马克·扎克伯格才意识到，对于"脸书"这类平台给人类用户的利益与安全所造成的影响，他自己负有重要责任。如他所说："我创立并运营'脸书'，它发生这样的事是我的责任。我不会让其他人来承担我所犯下的错误。"

他终于明白了，当他为技术进步而努力时，没有从人的角度考虑，忽视了与人相关的价值（隐私）。只有当悲剧降临到他的身上，他才被迫站在人类用户的立场上思考问题。

我想，"脸书"的案例和我们当下执着于完善算法，使其通过我们所不了解的深度学习快速发展，这两者的共同点已经非常清晰了。我们为了创新而创新，实际上服务的是技术而不是人。等我们意识到自己将控制权交予一个完美的技术系统，并因此失去了人性时，很可能为时已晚（在"脸书"的案例中显然是这样）。为了防止这种情况的发生，我们要尽快进行相关讨论。此外，各企业、政府和社会为了更好地运转而采用新技术时，始终要意识到（并在一定程度上牢记），人类的福祉才是努力实现自动化的最终目标。

人类应该怎么办？

人工智能兴起时，我们并没有考虑到这些问题，但当今天人工智能涉及这个问题时，我们开始产生了严重的怀疑。事实上，仔细听一听就会发现，针对自动化趋势的反对意见，大多出于人类典型的担忧和恐惧，很少有人担心这项技术本身的潜在缺陷。我们认为技术的发展不可限量，但也正是因为人们对技术本身的潜力和能力持乐观的态度，所以对人类的未来产生了担忧和怀疑。

算法发展得越成熟，自主行动的能力越高，人性面临的挑战就越大。例如，我们注意到，尽管企业的自动化开始出现，但我们现在依然很难想象出企业以及自身的大好前景，因此许多员工仍然感到害怕。他们害怕使用新技术，不敢认可新同事——算法的能力，也担心这会让自己面临被裁员的困境。因此，人们不禁要问："我该怎么办？"

这种有关存在主义的恐惧以算法厌恶的形式表现出来。如前面所述，人们将算法视为黑盒，这说明算法很难取得人类的信任。毕竟，如果我们的新同事逐步掌握了发言权，而我们却不知道这位同事如何进行思考，恐惧自然会产生。这些负面情绪很难消除，特别是连设计工程师也越来越难以解释算法如何工作。因此，人工智能驱动的技术有可能从一种相当狭隘的智能——只专注于手头的任务——发展成一种能匹敌甚至超越人类智能独特优势的智能。

设计者，也就是我们人类，如果无法充分理解技术如何发挥作用，那么人类对新技术的依赖性不仅越来越高，这种依赖也会成为不可逆的事实。这样一来，技术对人的依赖性将以惊人的速度降低。随着人类在企业、社会和整个世界中的地位和影响发生变化，这种依赖性的改变也将成为现实。

尽管对许多人来说，让超级人工智能完全摆脱人类的影响似乎仍是幻想，而且不可能在未来几十年内发生，但这提醒我们，我们需要开始思考，在企业发展的下一阶段该如何处理自己与算法的关系。

人类能应对技术的挑战

正是这种与生俱来的思考能力——每当人类受到威胁时就会被激

活——让人们对算法成为劳动力感到越来越焦虑。这些恐惧似乎是人类生物构成的独特产物，因此可以说，反对企业大规模使用算法并不是新鲜事。事实上，正如批评者所说，每当一场革命开始挑战我们的工作方式时，人类自身的生理特征会使自己产生存在性焦虑。

但是，无论什么时候出现这些存在性焦虑，人类似乎都能适应它，并继续前进。因此，有人认为，人类真正特殊的能力是生存。我们的确一次又一次地幸存下来，因为我们有适应能力。这种能力是我们的生物构造中非常珍贵的部分，查尔斯·达尔文（Charles Darwin）甚至为它写了一本书。[205]在《物种起源》（*On the Origin of Species*）中，达尔文提到的一个主要观点是：物竞天择，适者生存。

达尔文认为，人类（虽然不是全体人类）能够适应所有环境变化，这种与生俱来的欲望与动力，让人类物种得以随时间存活下来。基于这一点，我们应当自信起来，相信我们能找到方法适应逐渐自动化的环境。但我们尚不清楚应该如何适应：人类会被算法驯服，还是成为它的一部分？对此，目前还未有定论，但主流观点似乎持谨慎的乐观态度：人类终究会生存下去。

我们怀揣坚定的信念走向胜利，相信无论面对什么样的威胁，人类终将能生存下去。但在这之前，我要先给大家打一个预防针。我们现在讨论的这个威胁，不同于以往人类遇到的普通威胁，今天，我们针对一场革命展开讨论，在这场革命中，人类似乎前途渺茫，说得更极端一点，人类可能即将走到穷途末路。

毕竟，世界各地的媒体和技术专家不是都在说，有一项技术会比人类更优秀、更强大吗？如果这些预言成真，我们将不再是这个星球上的"优势物种"，这可是史无前例的。我们将追随一个比我们更优越的系统，甚至被它淘汰。我们认真设想了这种可能性，这说明我们自认为有责任讨论和反思新技术在社会中的应用。

合作高于一切

为了开展合作，我们首先需要知道人类和算法如何同时（进而在合作中）在未来的企业中发挥作用。合作是人类的生存之道，能让人类找到应对变化的新方法。换言之，合作体现了一种意识，即为了未来的幸福，具备独特能力和优势的各方都要参与进来。这样才更有可能想出创新性的方法来面对未来，但这个过程中要始终以人类关心的问题为指导。

正是这种革新给人类的适应与生存创造了绝佳的机会，因此，我们现在面临的重要任务是采取新的合作方式，从而充分发挥人与技术的作用。新的多元化的目的，是为了构建一个更加先进、高效的社会奠定基础，这样的社会将保护和促进人类的身份认同。

在这种情况下，技术发展的目的不再是超越人类。相反，我们运用新技术是为了尽可能以最高效的方式保证人类的生存。因此，新技术要以帮助人类进步为主要发展目标，甚至我可以为了这个目标放缓技术的发展速度。基于这一点，我们必须确定技术革命的边界（现在还为时未晚），否则算法与人类的差异可能会变成无法填补的鸿沟。

当然，要实现合作，所有的参与者都要端正态度。有务实的精神，才能准确指出当今存在的问题，并从人类关心的问题出发，找到解决办法。那么，这种目标已经实现了多少呢？

就目前来看，那些希望运用新技术以维护企业利益的人（领导者与股东），与同在企业工作的员工之间，似乎存在认识上的脱节。这种脱节不仅导致双方关系紧张，增加了算法应用的困难，还体现了一种观点，即人们认为，自动化过程本身对企业人性化的一面构成了存在危机。这些都是需要谨慎处理的重要问题。普华永道的一项研究显示，90%的领导者认为，他们的公司在引进新技术的同时，也在关注人的需求。[206]

因此，我们可以得出这样的结论：虽然劳动力自动化已经成为一种商业模式，但企业的领导者似乎也很重视人的利益。但现在还不是松口气的时候，普华永道的调查结果也揭露了事情的另一面：只有53%的员工认可这些最高管理层的看法。因此，这些结果再次证明，在对待新技术的问题上，企业领导者与员工的认识存在差异。

如何继续前行

那么，我们要如何看待这种差异呢？我认为，与其研究谁对谁错，不如开展建设性的讨论，将两种认识结合起来。一方面，革新不可避免地会出现新想法与新动向，自动化的过程已经开始，并将继续发展下去。因此最好的办法也许是接受新技术的潜力，进一步探索如何让它在企业中以最佳方式发挥作用。另一方面，做父母的人都知道，简单粗暴地要求孩子接受某物，并按一定的要求去做事，结果可能适得其反。因此，领导者或企业要为员工提供机会，让他们从推动人类进步的角度学习和检验新技术的创新潜力。这样的检验也可以让人对技术进行修正。这对提升人的身份认同具有重要意义，除此以外，这个过程也保证了人类依然掌握着领导权（不会变成简单地执行者）。

如前面所述，企业要先建立一种企业文化，推动人与算法的合作。通过合作，集中不同参与者的专长与贡献，为企业的运营带来重要影响。因此，在当今这个数字化社会里，企业应该明白，推动算法与人类员工的合作并不难，但问题在于，人们通常更喜欢与其他人，而不是算法合作。因此，企业及其领导者必须鼓励员工构建数字化思维，树立正确的价值观。这有助于激励员工思考算法应用带来的机遇，例如，产生更富创造性的想法，以推动公司发展等。

在这种文化氛围下，我们可以开启一个良性创新循环，其特点是人机共创。埃森哲在2018年的一份报告中指出，新技术（人工智能）最好能与人类合作，只有将双方特有的能力结合起来，才能产生更好的结果。[207]为了充分证明这一点，埃森哲引用了美国哈佛大学利用人工智能分辨乳腺癌细胞的研究：人工智能进行分辨的准确率为92%，人类病理学家的准确率为96%，两者协作后，分辨的准确率高达99.5%。

构建正确的企业文化

为了在这场变革中生存下去，企业应该构建一种企业文化，确保算法与人顺利实现合作。这项任务似乎不太难，不是吗？

然而不幸的是，事实并非如此。首先，微软在亚洲进行的一项调查显示，此地区的企业尚未形成足以使员工接受人工智能并与之合作的思维模式。[208]事实上，调查结果明确指出，亚太地区还没有做好迎接人工智能的准备。这是为什么呢？

事实证明，建立正确的文化可能是关键所在。在亚太地区受访的商业领导者中，超过一半的人表示，他们的企业现在尚未构建正确的文化氛围与思维方式，因而无法将人工智能视为推动创新的方式。这样便无法促进人与算法的合作，反而增加了合作的困难。

其次，这种文化建设的失败也在意料之中。几十年来，组织管理领域的学者一直在讨论如何构建正确的企业文化。这场争论持续了很长时间，足以说明我们很难在如何改变企业文化这个问题上达成共识。事实上，已经有大量的模型对如何实现文化转型进行了阐述。然而企业依然不断向学者和顾问求助，请他们协助企业完成文化的转变。如果说所有企业文化的变革模式都存在一个共同点，那就是在变革中，有一个群体的作用不容忽视。这个群体就是领导者，他们要发挥领导才能，有效地引导企业变革。

领导是一个发挥影响力的过程，它会促使人们改变自己的思维和行为方式。因此，有效领导能让人们形成一种思维模式，有助于认识新技术的价值及其目标。如果企业能顺着这种思路进行思考，就能为人与算法的合作提供肥沃的土壤，从而进一步优化两者的合作。此外，基于这条建议，我们对算法领导的讨论也到了一个非常有趣的时刻。

前面我曾提到，人类在领导方面的优势难免会受到算法的威胁。这个观点源于一种新出现的商业模式，即提倡用新技术帮助企业更好地适应复杂多变的商业环境。

这个观点得到了企业界及其领导者的认同，以至于我的高管学员越来越担心他们的领导工作也会被自动化取代。看到我们越来越依赖算法，人们就会认为人类的领导即将成为过去式。实际上，人们担忧的是未来的领导层将丧失人性要素。但是，如果我们真的需要领导者构建一种企业文化，引导人类员工与算法合作，那么这个过程中所需要的领导力绝对不能来自算法。

通过激励手段能够让人类员工看到新技术的价值。但是，如果这种激励来自新技术本身，很可能无济于事。我们已经讨论过，算法可以提供更理想、更系统的方法，用人类难以企及的速度和精度分析数据，从而帮助人们认识现实。但是，这些算法不具备决策所需的领导力的真实感，也不能为它所领导的人们带来有意义的变革。要建立一种影响员工思维和行为方式的文化，需要一个将身份与目标联系起来的逻辑过程。

人类领导与算法管理相结合

我们的讨论已经清楚地表明，未来的领导者要构建一种企业文化，使人类与非人类的合作变得有意义。双方要清楚自己在工作中的角色，并创造相应的价值，为人类而非技术创新所定义的社会服务，在此基础上为新的多元化赋权。

要做到这一点，我们需要由人担任领导者。实际上，我想进一步说明的是，我们需要人类领导者提供愿景和相应的判断，帮助我们在逐渐自动化的环境中保持人类的真实感。话虽如此，我认为（而且也有证据表明），根据约定的程序和战略来执行我们的想法，这个过程未必要由人类来完成。

　　领导者表达的愿景被员工接纳之后，有效的程序管理就不再依赖创造意义的能力，而是建立秩序的能力。因此，正如前面所说，管理职能有望实现自动化，届时人们会默认算法的管理。

　　算法管理或多或少符合我们对管理的期望。今天，我们期望（人类）管理者使用为建立秩序、维护稳定而设计的程序，进而建立起相应的秩序和稳定状态。与人类相比，算法能提供更加理想和精确的管理方式。就其本身而言，在确定对算法的依赖程度时，算法管理也不太可能对人类的存在构成威胁。换言之，面对企业的经营问题时，算法管理对我们丧失身份的存在性焦虑并没有构成严重的威胁。为什么这么说呢？

　　波士顿咨询集团（Boston Consulting Group）的一份报告显示，大多数员工并没有想成为管理者的志向。[209]该报告还指出，在西方国家，只有1/10的非管理人员表示自己渴望成为管理者。在现有的管理者中，只有37%的人表示愿意在未来5~10年里继续担任这一职务。事实上，这种趋势可能是一个好消息，因为算法管理早晚都会发生。

　　如前面所述，企业的大多数管理任务可能会完全自动化。然而，如果当今的员工不再对这些管理职位感兴趣，那么人类似乎也不太可能被存在性焦虑困扰，不用担心随着自动化的发展而丧失人类的身份。事实上，波士顿咨询集团所描述的情况表明，企业自动化程度提高所带来的机会，非常符合人类管理者的期望。人类希望少做管理工作，而算法越来越有能力从事管理工作。一个双赢的局面似乎即将出现!

但是,整个社会要积极鼓励人们培养和训练人类独有的能力,从而让他们具有领导者(而不单单是管理者)的思维,只有这样,才有可能实现双赢。既然人们愿意接受继续教育,那么他们可以接受算法管理,但前提是他们要提高领导能力,为我们在生活的方方面面做决策时指明方向,并为这样的方向赋予意义。只有这样,算法(管理)和人(领导)的合作才能创造可持续的价值。为什么我可以说得这么肯定呢?

我们现在应该非常清楚,不能让算法来掌舵。它是机器,不受价值或意义的驱动,也不受人类独有的身份认同的影响。相反,算法在一个实用的框架内运行,这个框架优化了它们的行为。一个典型案例就是YouTube(美国一家大型视频网站)的算法向用户进行视频推荐的模式,它可以证明实用主义的企业是如何应用算法的。YouTube用来进行视频推荐的指标(即观看时间),不是为了帮助客户找到他们想看的内容,而是为了最大限度地延长他们的观看时间,从而使他们"上瘾"。[210]

尽管到处都有人信誓旦旦地说,人工智能很快就会全面超越人类的能力,因此算法能胜任人类的全部工作(包括领导),但事实并非如此。正如梅拉妮·米歇尔在其著作《人工智能:人类思考指南》中所写,如果是狭义的任务,算法可以出色地完成,但它无法在广义语境下为任务赋予意义。[211]米切尔认为，这是因为算法没有人类所特有的常识。如果我们采纳这一观点，那么很明显，对于成果对人类社会的意义，算法无法为我们提供任何建议或判断。事实上，算法根本无法根据它对人类的贡献，来评估决策和行动所创造的价值。

领导者在未来应做些什么

领导者必须思考集体的贡献如何为人类创造价值。领导者要推动变革，这个过程并不是纯粹的没有任何情感联系的交易过程。相反，领导者营造了锐意进取的氛围，但同时也维护了道德感和社会和谐，进而促进合作。如果无法营造这种和谐，领导者就无法顺利推动变革。有了这种觉悟，我们可以再回到前文提到的观点上，即只有人类领导者才有能力用正确的思维方式促成人类和算法的合作。因此，未来企业中的领导力核心仍然是人，因为人类具备独有的特质，能够保证在应用算法的同时也能保护人类。

在科技驱动的社会中，将人培养成领导者的重要性不容低估。这既是因为人是最有效的领导者，也是因为人类美德应该成为未来社会和企业的基础。显然，对最高效的领导者来说，他的主要目标是在人与算法之间建立恰当的合作，确保最高质量的共同创造。这个过程要求领导者判断这种合作成果的价值。正是因为这种本能的判断，保证了人类领导者的地位不会被机器撼动，因此这也是人独有的能力。事实上，为了建立合作，领导者必须具备渊博的知识，并且意识到为集体利益做贡献的重要性。这种集体利益意味着能为企业和社会成员带来福利。

那么，领导者怎样才能推动这种工作方式呢？这需要他保持好奇心，探索如何在不牺牲人类DNA的前提下，拓展企业的工作方式。同样，领导者要考虑到未来人类的福祉，因此，他领导的企业要以实现这一目标为前提（理解参与者的情绪、愿望和需求）。这种面向未来的思维，加上高情商和想象力，共同为创造性的工作奠定了基础。

领导者要参与继续教育

虽然从理论上说，一切皆有可能，但似乎可以肯定的是，算法不适合以人为核心的领导角色。相反，如果我们真的试图让算法接管领导工作，我们很快就会对人类的处境感到恐惧和担忧。具体地说，当我们考虑让算法成为领导者时，许多人会担心，这种新技术不够敏感，也缺乏理解能力，无法为集体利益做出贡献，不能保证人类的进步。相反，算法更适合提供必要的资源，支持技术进步，推动人类发展。但另一个问题是，我们要评价这种发展对人类是否有利，这需要我们深入思考——人类究竟意味着什么。

事实上，尽管一些领域所使用的算法似乎堪比（甚至超越）人类智能（例如，肿瘤检查、自动驾驶等），但正如梅拉妮·米歇尔所说，要为人类创造价值，我们依然需要发挥人类的聪明才智，这一点不可否认。因此，针对未来领导力的问题，我们有义务和责任保护领导者的人性。在这种情况下，人性代表同情、宽恕、同理心、道德意识、好奇心和想象力，这些都是设计科技驱动的环境时必需的美德，能够提高人的身份认同感。

在当今的技术竞赛中，领导者也要加入人类的意识。算法的使用率越来越高，这要求未来的领导者以技术主导的效率模式作为新的工作方式，同时也要在评估算法创造的价值时，注重创造力、同理心和道德判断。要实现这两者的平衡，需要接受继续教育和培训。事实上，未来的领导者必须参与两种方式的继续教育。[212]

第一种是向员工介绍新技术。许多数字化转型的尝试，都因人们认识不足导致失败。这种无知导致人们无法理解如何利用信息技术提高企业业绩。因此，企业必须对员工进行培训，并不断更新他们的知识储备，使员工基本了解编程原理和利用算法完成任务等问题。据《华尔街日报》（*Wall Street Journal*）报道，亚马逊计划在未来6年斥资7亿美元，对10万名员工进行新技术技能的培训。[213]同样，微软已经成立了人工智能商学院，旨在就企业如何战略性地使用人工智能的问题，分享高层管理人员和意见领袖的认识和见解。[214]熟悉技术以后，领导者能够有效地以最佳方式应用算法，同时也让人类员工理解，企业为什么需要这个新的（非人类）员工。

第二种是提升未来领导者必备的人类技能。事实上，我们不希望领导者被尖端技术束缚，以至于忽略了建立一个以人类的身份为核心的愿景。因此，员工必须不断接受有关情绪能力和创新能力的教育，在构建一个技术驱动的企业的同时，也能时常分享和讨论有关人类伦理、隐私和创新的问题。

未来的领导坚持以人为本

员工必须要接受继续教育，但因此也产生了一个问题——未来的领导者必须知道继续教育是什么。事实上，继续教育的两种方式已经清楚地表明，企业为追求效率而为算法赋权，并不是要求领导者从技术主导的角度进行思考。相反，对新技术有了基本了解之后，领导者比以往任何时候都更需要学习其他人文领域的观点以作为补充，例如，哲学和心理学。毕竟，即使是在科技主导的商业世界里，如果企业更加人性化，它会更有可能取得成功。

人工智能之父曾提出：人工智能的发展并不是为了取代人类，改变一个日益自动化的社会中的权力格局；相反，人类社会有着独特的价值观，而人工智能的目标是为社会进步和人类幸福做贡献。控制论先驱诺伯特·维纳（Norbert Wiener）于1960年发表的一篇文章对这个问题进行了有力的阐释："如果为了实现目标，我们使用一种这样的机械装置——一旦启动就无法对机器操作进行有效干预，而且由于运转速度非常快且不可撤销，以至于在它完成动作之前，无法用数据来介入它的运行，那么最好确定，我们输入的目的就是我们真正渴望的目的，而不只是对这一目的的华丽模仿。"[215]

考虑到这种特殊的挑战，我想再回到之前讲过的那些企业高管学生的故事上，他们问我，软技能是否会在未来的领导中占有一席之地。他们中的许多人都担心自己的处境，并考虑把全部时间和精力用于提高自己的计算机语言编程能力。那么这个问题的答案是什么？这个担忧有依据吗？是否应该想办法解决？

的确，企业中的领导者应该多花一些时间和精力来学习计算机语言编程。但是，如果领导者认为往日的领导技能在未来将无用武之地，那也不对。如果当今的领导者认为自己的软技能将被新技术取代，那就大错特错。领导者应该努力变得更加人性化，而不是使思维更机械化！

正如我在本章所说，理解新技术的工作原理和敏感性并不是根本目的，我们不应该让今天的领导者成为数据分析师。领导者的确应该精通技术，因为技术能更加有效地提高业绩，但他必须站在人类的角度上思考问题。因此，领导者的教育应该以理解新技术为基础，提升批判性思维的能力，并反思技术对人类身份的意义。

其他人也表达过同样的想法。例如，美国企业家和风险资本家彼得·蒂尔（Peter Thiel）曾说："人们花了太多时间思考气候变化，但对人工智能的思考太少。"同样，已故的英国剑桥大学教授史蒂芬·霍金在《独立报》（*The Independent*）上警告说："成功创造人工智能将是人类历史的最大事件，但人们若不懂得如何去避开风险，这也将是最后的大事。"

就连比尔·盖茨（Bill Gates）也公开表达过自己的不安，他"无法理解为什么有些人对此漠不关心"。不管这几位名人的担忧是真是假，还有许多人都有同感。例如，2018年11月，《卫报》（*The Guardian*）发表了一篇题为《杀手机器人的真相》（*The truth about killer robots*）的文章，一个月后，《经济学人》的一篇文章写道："目前还没有杀手机器人——但监管机构必须在2019年对人工智能的相关事宜做好规划。"[216, 217]这些例子表明，未来领导者接受的教育中必须包括一个重点，即思考企业和社会中的算法给人的身份认同带来的影响。

包容不完美

优先考虑人类的身份，未来的领导者才能推动基于算法的变革，使我们能够主导技术的发展，而不是被技术主导。一个社会是否人性化，关键在于人们是否具有同情心，并原谅错误。换句话说，我们在寻求进步的同时，是否可以容忍不完美的行为。正如法国著名作家、哲学家伏尔泰所说："什么是宽容？这是人类的特权。我们全都是由弱点和谬误塑造而成的，让我们彼此宽恕各自的愚蠢，这是大自然首要的法则。"

算法和深度学习技术致力于实现前所未有的精确和高效。换句话说，对新技术的关注带来了对完美的关注。如果让这种思维主导并取代领导者，那么我们不禁担心，企业和社会可能不再尊重个人自由。事实上，如果我们追求完美，并因此不能包容人类的失败，那么人类会逐渐从算法中消失，这可能已经发生了。

对此，我们可以思考一下面部识别技术的应用问题。目前在很多国家，由人工智能驱动的摄像头已经投入使用，目的在于打击犯罪和提高社会安全。但这只是应用该技术所带来的好处。如果我们采用这种面部识别技术，却全然不顾它对人类价值观的影响，例如，我们的隐私权和自由，那么这个社会最终可能不会容忍任何对新技术的反对。如果是这样，我们将完全服从于机器，唯一能做的就是遵循机器的逻辑，将一切透明化，不给人任何质疑的机会。

但是，这种制度的人性化程度有多少？如果有人想躲避这样全面的审查，可能只会引起怀疑——如果你没有什么可隐瞒的，为什么不同意侵犯人身自由呢？肯定是你想隐瞒什么，才会反对。当然，如果人人都有这样的想法，那么我们将进入一个不允许人类自主选择的社会。毕竟，从完美机器精心安排的完美社会的角度来看，人类的选择不够完美，很容易失败。

事实上，在这种机器驱动的体制下，让个人自由选择可能会产生不完美的后果，进而威胁完美社会的构建。因此，这么大规模且不顾个人隐私地使用算法，很可能使社会丧失人性。正是由于这些担忧，美国旧金山2019年5月通过了在一定范围内禁止使用面部识别技术的决定，微软总裁布拉德·史密斯（Brad Smith）也认为，对面部识别技术的使用和发展，我们最好秉持一定的原则（公平性、非歧视性、知情同意等）。[218]

领导者要保证技术进步中的人性，在这个过程中，最重要的是认识到实现自动化需要构建道德共同体。我所说的道德共同体，代表了我们所认为的对人类身份至关重要的道德价值观，也是我们应用新技术所追求的伦理价值。

在未来的企业中，我们不能因为使用了新技术，就将（过去习以为常的）工作中的道德义务和责任推到一边（最终被遗忘）。例如，用护理机器人代替护士，这样或许能有效地解决医院的劳动力短缺问题，但如果领导者不能从人性视角引导这种技术创新的应用，我们可能会忘记，互相关爱是人类宝贵的美德。如果技术革命让我们忽视了人性，像护理机器人这样的技术创新可能会加剧社会隔离，这是任何人类领导者都不希望看到的结果。

参考文献

第一章

1 Reeves, M. (2015). 'Algorithms Can Make Your Organization Self- Tuning.' *Harvard Business Review*. May 13. Retrieved from: https://hbr. org/2015/05/ algorithms-can-make-your-organization-self-tuning

2 Andrews, L. (2019). 'Public administration, public leadership and the construction of public value in the age of algorithm and big data.' *Public Administration*, 97(2), 296-310.

3 Fountaine, T., McCarthy, B., & Saleh, T. (2019). 'Building the AI- powered Organization.' *Harvard Business Review*, July-August, 2-13.

4 Lehnis, M. (2018). 'Can we trust AI if we don't know how it works?' Retrieved from https://www.bbc.com/news/business-44466213

5 Accenture (2017). 'AI as the new UI – Accenture Tech Vision.' Retrieved from: https://www.accenture.com/t20171005T065832Z w / us-en/_ acnmedia/Accenture/next-gen-4/tech-vision-2017/pdf/Accenture- TV17- Trend-1.pdf

6 Accenture (2018). 'Realizing the full value of AI.' Retrieved from: https:// www.accenture.com/_acnmedia/pdf-77/accenture-workforce- banking-survey-report

7 Chui, M., Henke, M., Miremadi, M. (2018). 'Most of AI's Business Uses Will Be in Two Areas.' *Harvard Business Review*. July 20. Retrieved from: https://hbr.org/2018/07/most-of-ais-business-uses-will-be-in-two-areas

8 McKinsey (2018). 'Notes from the AI frontier: Applications and value

of deep learning.' Retrieved from: https://www.mckinsey.com/featured-insights/artifcial-intelligence/notes-from-the-ai-frontier-applications-and-value-of-deep-learning

9 Bloomberg (2018, January 15th). 'Alibaba's AI Outguns Humans in Reading Test.' Retrieved from https://www.bloomberg.com/news/ articles/2018-01-15/ alibaba-s-ai-outgunned-humans-in-key-stanford- reading-test

10 Gee, K. (2017). 'In Unilever's Radical Hiring Experiment, Resumes Are Out, Algorithms Are In.' *Te Wall Street Journal*. Retrieved from https:// www.wsj.com/articles/in-unilevers-radical-hiring-experiment-resumes-are-out-algorithms-are-in-1498478400

11 Glaser, V. (2014). 'Enchanted Algorithms: How Organizations Use Algorithms to Automate Decision-Making Routines.' *Academy of Management Proceedings*, 2014(1), 12938.

12 Hofman, M., Kahn, L.B., & Li, D. (2017). 'Discretion in hiring.' *NBER Working Paper* No. 21709. Retrieved from: https://www.nber.org/ papers/ w21709?sy=709

13 Son, H. (2015). 'JP Morgan algorithm knows you're a rogue employee before you do.' (8 April 2015). Retrieved from: https://www.bloomberg. com/news/articles/2015-04-08/jpmorgan-algorithm-knows-you-re-a-rogue-employee-before-you-do.

14 Hofman, M., Kahn, L.B., & Li, D. (2017). 'Discretion in hiring.' *NBER Working Paper* No. 21709. Retrieved from: https://www.nber.org/ papers/ w21709?sy=709

15 Fethi, M.D., & Fotios, P. (2010). 'Assessing bank efficiency and performance with operational research and artificial intelligence techniques: A survey.' *European Journal of Operational Research*, 204(2), 189-198.

16 Greer, S., Lodge, G., Mazzini, J., & Yanagawa, E. (2018). 'Global Tech spending forecast: Banking edition.' 20 March 2018. Retrieved from:

https://www.celent.com/insights/929209647

17 Paterl, V.L., Shortlife, E.H., Stefanelli, M., Szolovits, O.P., Berthold, M.R., & Abu-Hanna, A. (2009). 'The coming age of artificial intelligence in medicine.' *Artificial Intelligence in Medicine*, 46(1), 5-17.

18 Leachman, S.A., & Merlino, G. (2017). 'The final frontier in cancer diagnosis.' *Nature*, 542, 36.

19 Bennett, C.C., & Hauer, K. (2013). 'Artificial intelligence framework for simulating clinical decision-making: A Markov decision process approach.' *Artificial Intelligence in Medicine*, 57(1), 9-19.

20 Wang, D., Khosla, A., Gargeya, R., Irshad, H., & Beck, A.H. (2016). 'Deep learning for identifying metastatic breast cancer.' arXiv, preprint arXiv:1606.05718. Copy at http://j.mp/2o6FejM

21 Dawes, R. M., (1979). 'The robust beauty of improper linear models in decision making.' *American Psychologist*, 34(7), 571-582.

22 Dawes, R. M., Faust, D., & Meehl, P. E. (1989). 'Clinical versus Actuarial Judgment.' *Heuristics and Biases*, 716-729.

23 Kleinmuntz, D. N., & Schkade, D. A. (1993). 'Information displays and decision processes.' *Psychological Science*, 4(4), 221-227.

24 Adams, I.D., Chan, M., Cliford, P.C., et al. (1986). 'Computer aided diagnosis of acute abdominal pain: A multicentre study.' *British Medical Journal*, 2093, 800-804.

25 Beck, A. H., Sangoi, A. R., Leung, S., Marinelli, R. J., Nielsen, T. O., Van De Vijver, M. J., & Koller, D. (2011). 'Systematic analysis of breast cancer morphology uncovers stromal features associated with survival.' *Science translational medicine*, 3(108), doi: 108ra113-108ra113

26 Grove, W. M., Zald, D. H., Lebow, B. S., Snitz, B. E., & Nelson, C. (2000). 'Clinical versus mechanical prediction: A meta-analysis.' *Psychological Assessment*, 12(1), 19-30.

27 Maidens, J., & Slamon, N.B. (2018). Abstract12591: 'Artificial intelligence detects pediatric heart murmurs with cardiologist-level accuracy.' *Circulation*, 138 (suppl_1).

28 Highhouse, S. (2008). 'Stubborn Reliance on Intuition and Subjectivity in Employee Selection.' *Industrial and Organizational Psychology*, 1 (3), 333-342.

29 Schweitzer, M.E., & Cachon, G.P. (2000). 'Decision bias in the newsvendor problem with a known demand distribution: Experimental evidence.' *Management Science*, 46(3), 404-420.

30 Frey, C. B., & Osborne, M. A. (2017). 'The future of employment: how susceptible are jobs to computerisation?' *Technological Forecasting and Social Change*, 114, 254-280.

31 Accenture (2017). 'The promise of Artifcial Intelligence: Redefning management in the workforce of the future.' Retrieved from: https://www. accenture.com/no-en/insight-promise-artifcial-intelligence

32 PwC (2019). 'AI Predictions: Six AI priorities you can't afford to ignore.' Retrieved from: https://www.pwc.com/us/en/services/consulting/library/ artifcial-intelligence-predictions-2019?WT.mc_id=CT13-PL1300-DM2-TR1-LS4-ND30-TTA5-CN_ai2019-ai19-digpul-1&eq=CT13-PL1300-DM2-CN_ai2019-ai19-digpul-1

33 Salesforce Research (2019). 'State of Service.' Insights and trends from over 3,500 service leaders and agents worldwide. Retrieved from: https:// www. salesforce.com/blog/2019/03/customer-service-trends.html

34 Hofman, P. (1986). 'The Unity of Descartes' Man,' *Te Philosophical Review* 95, 339-369.

35 Google Duplex (2018). https://www.youtube.com/watch?v=D5VN 56jQMWM

第二章

36 Naqvi, A. (2017). 'Responding to the will of the machine: Leadership in the age of artifcial intelligence.' *Journal of Economics Bibliography*, 4(3), 244-250.

37 Gamson, W.A., & Scotch, N.A. (1964). 'Scapegoating in baseball.' *American Journal of Sociology*, 70, 69-72.

38 Pfefer, J., & Salancik, G.R. (1978). 'The external control of organizations: A resource dependence perspective.' New York: Harper & Row Publishers.

39 Pfefer, J. (1977). 'The ambiguity of leadership.' *Academy of Management Review*, 2, 104-112.

40 MacCrory, F., Westerman, G., Alhammadi, Y., & Brynjolfsson, E. (2014). 'Racing with and against the machine: Changes in occupational skill composition in an era of rapid technological advance.' In Proceedings of the 35th International Conference on Information Systems (pp. 295– 311). Red Hook, NY: Curran Associates Inc.

41 von Krogh, G. (2018). 'Artifcial intelligence in organizations: New opportunities for phenomenon-based theorizing.' *Academy of Management Discoveries*, 4(4), 404-409.

42 Parry, K., Cohen, M., & Bhattacharya, S. (2016). 'Rise of the machines: A critical consideration of automated leadership decision making in organizations.' *Group & Organization Management*, 41(5), 571-594.

43 Lindebaum, D., Vesa, M., & den Hond, F. (in press). 'Insights from the machine stops to better understand rational assumptions in algorithmic decision-making and its implications for organizations.' *Academy of Management Review*.

44 Derrick, D.C., & Elson, J.S. (2019). 'Exploring automated leadership and agent interaction modalities.' Proceedings of the 52nd Hawaii International

Conference on System Sciences, 207-216.

45 SAS (2018). 'Becoming a data-driven organization.' https:// analyticsconsultores. com.mx/wp-content/uploads/2019/03/Becoming-a- data-driven- organization-Citizen-Data-Scientist-SAS-2018.pdf

46 Copeland, R., & Hope, B. (2016). 'The world's largest hedge fund is building an algorithmic model from its employees' brains.' Retrieved from https://www.wsj.com/articles/the-worlds-largest-hedge-fund-is-building- an- algorithmic-model-of-its-founders-brain-1482423694 on 31 October 2018.

47 Nelson, J. (2019). 'AI in the boardroom – Fantasy or reality?' March 26. Retrieved from http://www.mondaq.com/x/792746/new+technology/ AI+In +The+Boardroom+Fantasy+Or+Reality

48 Libert, B., Beck, M., & Bonchek, M. (2017). 'AI in the boardroom: The next realm of corporate governance.' February 21. Retrieved from https:// sloanreview.mit.edu/article/ai-in-the-boardroom-the-next-realm- of- corporate-governance/

49 Amazon (2019). https://www.businessinsider.sg/amazon-system- automatically-fires-warehouse-workers-time-off-task-2019-4/?r= US&IR=T

50 Acemoglu, D., & Restrepo, P. (2019). 'Robots and jobs: Evidence from US labor markets.' *Journal of Political Economy*. Accepted August 1.

51 IBM (2019). 'Unplug from the Past: 19th Global C-Suite Study,' IBM Institute for Business Value, 2018, https://www.ibm.com/downloads/cas/ D2KEJQRO

52 LinkedIn (2019). 'The Rise of HR Analytics,' 2018, https://business. linkedin. com/content/dam/me/business/en-us/talent-solutions/talent- intelligence/ workforce/pdfs/Final_v2_NAMER_Riseof-Analytics-Report.pdf.

第三章

53 Drucker, P. (1967). 'The manager and the moron.' *McKinsey Quarterly*, 4. mckinsey.com

54 Ikujiro, N., & Hirotaka, T. (2011). 'The wise leader.' *Harvard Business Review*, May, 89(5), 58-67.

55 Bigman, Y. E., & Gray, K. (2018). 'People are averse to machines making moral decisions.' *Cognition*, 181, 21-34.

56 Gray, H.M., Gray, K., & Wegner, D.M. (2007). 'Dimensions of mind perception.' *Science*, 315(5812), 619.

57 Hogan, R., & Kaiser, R. B. (2005). 'What we know about leadership.' *Review of General Psychology*, 9, 169.

58 Finkelstein, S., Cannella, S.F.B., & Hambrick, D.C. (2009). 'Strategic leadership: Theory and research on executives, top management teams, and boards.' Oxford University Press: New York.

59 Messick, D. M., & Bazerman, M. (1996). 'Ethical leadership and the psychology of decision making.' *Sloan Management Review*, 37, 9-22.

60 Logg, J., Minson, J.A., & Moore, D.A. (2019). 'Algorithm Appreciation: People Prefer Algorithmic to Human Judgment.' *Organizational Behavior and Human Decision Processes*, 151, 90-103.

61 Granulo, A., Fuchs C., & Puntoni, S. (2019). 'Psychological reactions to human versus robotic job replacement.' *Nature Human Behavior*, 3, 1062-1069.

62 Gartner (2018). 'Gartner says 25% of customer service operations will use virtual customer assistants by 2020.' Retrieved from: https:// www.gartner.com/en/newsroom/press-releases/2018-02-19-gartner-says- 25-percent-of-customer-service-operations-will-use-virtual-customer- assistants-by-2020

63 Capgemini Research Institute (2018). 'Conversational commerce. Why

consumers are embracing voice assistants in their lives.' Retrieved from: https://www.capgemini.com/resources/conversational-commerce- dti-report/

64 Curchod, C., Patriotta, G., & Cohen, L. (in press). 'Working for an algorithm: power asymmetries and agency in online work settings.' *Administrative Science Quarterly*.

65 Shamir, B. (2007). 'From passive recipients to active co-producers: followers' role in the leadership process.' In B. Shamir, R. Pillai, & Bligh, M.C. (Eds.), Follower-centered perspectives on leadership: A tribute to the memory of James R. Meindl. Greenwich, CT: Information Age Publishing.

66 Davenport, T.H., & Bean, R. (2018). 'Big Companies Are Embracing Analytics, But Most Still Don't Have a Data-Driven Culture.' *Harvard Business Review*, 15 February. Retrieved from: https://hbr.org/2018/02/big-companies-are-embracing-analytics-but-most-still-dont-have-a-data-driven-culture

67 Castelvechi, D. (2016). 'The black box of AI.' *Nature*, 538, 20-23.

68 Zeng, Z., Miao, C., Leung, C. & Chin, J.J. (2018). 'Building more explainable Artifcial Intelligence with argumentation.' *Association for the Advancement of Artifcial Intelligence*, 8044-8045.

69 Frick, W. (2015). 'Here's why people trust human judgment over algorithms.' *Harvard Business Review*, February 27. Retrieved from: https://hbr.org/2015/02/heres-why-people-trust-human-judgment-over- algorithms

70 Diab, D. L., Pui, S. Y., Yankelevich, M., & Highhouse, S. (2011). 'Lay perceptions of selection decision aids in US and non - US samples.' *International Journal of Selection and Assessment*, 19(2), 209-216.

71 Eastwood, J., Snook, B., & Luther, K. (2012). 'What people want from their professionals: Attitudes toward decision - making strategies.' *Journal of Behavioral Decision Making*, 25(5), 458-468.

72 Önkal, D., Goodwin, P., Thomson, M., Gönül, S., & Pollock, A. (2009).

'The relative influence of advice from human experts and statistical methods on forecast adjustments.' *Journal of Behavioral Decision Making*, 22(4), 390-409.

73 Promberger, M., & Baron, J. (2006). 'Do patients trust computers?' *Journal of Behavioral Decision Making*, 19(5), 455-468.

74 Shafer, V.A., Probst, C.A., Merkle, E.C., Arkes, H.R. & Medow, M.A. (2013). 'Why do patients derogate physicians who use a computer-based diagnostic support system?' *Medical Decision Making*, 33(1), 108-118.

75 Dietvorst, B. J., Simmons, J. P., & Massey, C. (2015). 'Algorithm aversion: People erroneously avoid algorithms after seeing them err.' *Journal of Experimental Psychology: General*, 144(1), 114-126.

76 Dimitrov, A. (2018). 'The digital age leadership: A transhumanistic perspective.' *Journal of Leadership Studies*, 12(3), 79-81.

77 Grove, W. M., & Meehl, P. E. (1996). 'Comparative efciency of informal (subjective, impressionistic) and formal (mechanical, algorithmic) prediction procedures: The clinical–statistical controversy.' *Psychology, Public Policy, and Law*, 2(2), 293.

第四章

78 Kotter, J.P. (2013). 'Management is (still) not leadership,' *Harvard Business Review*, 9 January. Retrieved from: https://hbr.org/2013/01/management-is-still-not-leadership

79 Hamel, G., & Zanini, M. (2018). 'Busting bureaucracy.' Blog retrieved from http://www.garyhamel.com/blog/busting-bureaucracy

80 Saval, N. (2014). 'Cubed: A secret history of the workplace.' New York: Doubleday.

81 Kotter, J.P. (1990). 'Force for change: How leadership differs from

management.' The Free Press.

82 Kotter, J.P. (1995). 'What leaders really do.' In J.T. Wren (Ed.), *Te Leaders Companion* (pp. 114-123). The Free Press.

83 Awamleh, R., & Gardner, W. L. (1999). 'Perceptions of leader charisma and effectiveness: The effects of vision content, delivery, and organizational performance.' *Te Leadership Quarterly*, 10, 345-373.

84 Kotterman, J. (2006). 'Leadership versus management: What's the diference?' *Te Journal for Quality and Participation*, 29(2), 13-17.

85 Kotter, J.P. (1990). 'Force for change: How leadership differs from management.' The Free Press.

86 Kotterman, J. (2006). 'Leadership versus management: What's the difference?' *Te Journal for Quality and Participation*, 29(2), 13-17.

87 Yukl, G. (1998). 'Leadership in organizations.' Upper Saddle River, NJ: Prentice Hall.

88 Bass, B.M. (2000). 'The future of leadership in learning organizations.' *Journal of Leadership & Organizational Studies*, 7(3), 18-40.

第五章

89 Tarnof, B. (2017). 'Silicon Valley siphons our data like oil. But the deepest drilling has just begun.' *Te Guardian*. Retrieved from: https:// www. theguardian.com/world/2017/aug/23/silicon-valley-big-data- extraction-amazon-whole-foods-facebook

90 Thorp, J. (2012). 'Big data is not the new oil.' *Harvard Business Review*. November 30. Retrieved from: https://hbr.org/2012/11/data- humans-and-the-new-oil

91 Lapuschkin, S., Wäldchen, S., Binder, A., Montavon, G., Samek, W., & Mueller, K.-R. (2019). 'Unmasking clever Hans predictors and assessing

what machines really learn.' *Nature Communications*, 10, 1096.

92 Editorial (2017). 'How does the brain work?' *Neuron*, 94(5), 933.

93 Goldhill, O., (2015). 'Algorithms make better hiring decisions than humans.' Retrieved from: https://qz.com/561206/algorithms-make-better-hiring-decisions-than-humans/

94 Fly, A. (2019). 'The skills leaders need to survive in the age of AI,' https://www.techradar.com/sg/news/the-skills-leaders-need-to-survive-in- the-age-of-ai)

95 IBM (2018). 'Power your candidate experience with AI.' Retrieved from: https://newsroom.ibm.com/IBM-watson?item=30401 (also, Leight-Deobald et al., (in press). 'The challenges of algorithm-based HR decision-making for personal integrity.' *Journal of Business Ethics*.)

96 Bonczek, R.H., Holsapple, C.W., & Whinston, A.B. (1979). 'Computer-based support of organizational decision making.' *Decision Sciences*, 10(2), 268-291.

97 Courtney, J.F. (2001). 'Decision making and knowledge management in inquiring organizations: Toward a new decision-making paradigm for DSS.' *Decision Support Systems*, 31(1), 17-38.

98 Gigerenzer, G., & Gaissmaier, W. (2011). 'Heuristic Decision Making.' *Annual Review of Psychology*, 62, 451-482.

99 Huber, G. (1990). 'A theory of the effects of advanced information technologies on organizational design, intelligence and decision making,' *Academy of Management Review*, 15(1), 47-71.

100 Pomerol, J.-C. (1997). 'Artifcial intelligence and human decision making.' *European Journal of Operational Research*, 99(1), 3-25.

101 Russel, S.J., & Norvig, P. (2016). 'Artificial intelligence: A modern approach.' Pearson Education Limited.

102 Rosenblat, A., Kneese, T., & Boyd, D. (2014). 'Workplace surveillance.'

Data & Society Working Paper. New York: Data & Society Research Institute.

103 Volini, E., Schwartz, J., Roy, I., Hauptmann, M., Van Durme, Y., Denny, B., & Bersin, J. (2019). 'Organizational performance: It's a team sport.' Deloitte report, 2019 Global Human Capital Trends. April 11. Retrieved from: https://trendsapp.deloitte.com/reports/2019/global- human-capital-trends/organizational-performance.html

104 De Cremer, D., McGuire, J., Naryanan, J., Tang, P., & Mai, M. K. (2020). 'How fair and trustworthy automated assessment systems are: it depends on you speaking up and your supervisor's humility.' Working paper NUS Business School.

105 Kelly, K. (2016). 'The inevitable: Understanding the 12 technological forces that will shape our future.' Viking Press.

第六章

106 Geraerts, E. (2019). 'Authentieke Intelligentie: Waarom mensen altijd winnen van computers.' Prometheus.

107 Avolio, B.J., Walumbwa, F.O., & Weber, T.J. (2009). 'Leadership: Current theories, research and future directions.' *Annual Review of Psychology*, 60, 421-449.

108 Hazy, T.E., Frank, M.J., & O' Reilly, R.C. (2007). 'Towards an executive without a homunculus: computational models of the prefrontal cortex/ basal ganglia system.' *Philosophical Transactions of the Royal Society* B, 362(1485).

109 Uhl-Bien, M., Marion, R., McKelvey, B. (2007). 'Complexity leadership theory: Shifting leadership from the industrial age to the knowledge era.' *Te Leadership Quarterly*, 18(4), 298-318.

110 De Cremer, D. (2013). 'The proactive leader: How to overcome procrastination and be a bold decision-maker.' Palgrave MacMillan.

111 Jarrahi, M. H. (2018). 'Artifcial intelligence and the future of work: Human-AI symbiosis in organizational decision making.' *Business Horizons*, 61(4), 577-586.

112 Malone, T.W. (2018). 'How human-computer 'Superminds' are redefining the future of work.' *Sloan Management Review*, 59(4), 34-41.

113 De Cremer, D., McGuire, J., Hesselbarth, Y., & Mai, M. (2019). 'Can algorithms help us decide who to trust?' *Harvard Business Review*. 6 June. Retrieved from: https://hbr.org/2019/06/can-algorithms-help-us-decide-who-to-trust

114 Bigman, Y. E., & Gray, K. (2018). 'People are averse to machines making moral decisions.' *Cognition*, 181, 21-34.

115 Gray, H.M., Gray, K., & Wegner, D.M. (2007). 'Dimensions of mind perception.' *Science*, 315(5812), 619.

116 Fiske, S.T., Cuddy, A.J.C., & Glick, P. (2007). 'Universal dimensions of social cognition: warmth and competence.' *Trends in Cognitive Science*, 11(2), 77-83.

117 Gray, K., Jenkins, A.C., Heberlein, A.S., & Wegner, D.M. (2011). 'Distortions of mind perception in psychopathology.' Proceedings of the National Academy of Sciences of the United States of America, 108(2), 477-479.

118 Haslam, N. (2006). 'Dehumanization: An integrative review.' *Personality and Social Psychology Review*, 10(3), 252-264.

119 Knobe, J., & Prinz, J. (2008). 'Intuitions about consciousness: Experimental studies.' *Phenomenology and the Cognitive Sciences*, 7(1), 67-83.

120 Jack, A.I., & Robbins, P. (2012). 'The phenomenal stance revisited.' *Review of Philosophy and Psychology*, 3(3), 383-403.

121 De Cremer, D., McGuire, J., Hesselbarth, Y., & Mai, M. (2019). 'Can algorithms help us decide who to trust?' *Harvard Business Review*. 6 June. Retrieved from: https://hbr.org/2019/06/can-algorithms-help-us-decide-who-to-trust

122 De Cremer, D. (2003). 'How self-conception may lead to inequality: An experimental investigation of the impact of hierarchical roles on the equality-rule when allocating organizational resources.' *Group and Organization Management*, 28(2), 282-302.

123 Kaplan, A., & Haenlein, M. (in press). 'Rulers of the world, unite! The challenges and opportunities of artificial intelligence.' *Business Horizons*.

124 Ready, D.A. (2019). 'In praise of the incurably curious leader.' July 2018. Retrieved from: https://sloanreview.mit.edu/article/in-praise-of-the-incurably-curious-leader/

125 Pelaprat, E. & Cole, M. (2011). 'Minding the gap: Imagination, creativity and human cognition.' *Integrative Psychological and Behavioral Science*, 45, 397-418.

126 Talat, U. & Chang, K. (2017). 'Employee imagination and implications for entrepreneurs.' *Journal of Chinese Human Resource Management*, 8(2), 129-152.

127 Zhou, J. & Hoever, I.J. (2014). 'Research on workplace creativity.' *Annual Review of Organizational Psychology and Organizational Behavior*, 1, 333-359.

128 Amabile, T.M. (1983). 'The social psychology of creativity: A componential conceptualization.' *Journal of Personality and Social Psychology*, 45(2), 357-376.

129 Kelley, S. (2019). 'This physicist is trying to make sense of the brain's tangled networks.' April 11. Retrieved from: https://www.sciencemag.org/news/2019/04/physicist-trying-make-sense-brain-s-tangled-networks

130 Nijstad, B.A., De Dreu, C.K.W., Rietzschel, E.F., & Baas, M. (2010). 'The dual pathway to creativity model: Creative ideation as a function of flexibility and persistence.' *European Review of Social Psychology*, 21, 34-77.

131 De Cremer, D. (2019). 'Leading Artificial Intelligence at work: A matter of facilitating human-algorithm co-creation.' *Journal of Leadership Studies*, 13(1), 81-83.

132 Goleman, D. (2011). 'Leadership: The power of emotional intelligence.' *More than Sound* (1st edition).

133 Hasan, A. (2019). 'Demand for emotional intelligence skills soars six folds.' November 5. Retrieved from: https://www.peoplemattersglobal. com/news/employee-assistance-programs/demand-for-emotional-intelligence-skills-soars-six-folds-23636

134 Law, K.S., Wong, C.-S., Huang, G.-H., & Li, X. (2008). 'The effects of emotional intelligence on job performance and life satisfaction for the research and development scientists in China.' *Asia Pacific Journal of Management*, 25, 51-69.

135 Huang, M.-H., Rust, R., & Maksimovic, V. (2019). 'The feeling economy: Managing in the next generation of Artificial Intelligence (AI).' *California Management Review*, 61(4), 43-65.

136 Jago, A.S. (2019). 'Algorithms and authenticity.' *Academy of Management Discoveries*, 5, 38-56.

137 Bigman, Y.E. & Gray, K. (2018). 'People are aversive to machines making moral decisions.' *Cognition*, 181, 21-34.

138 Jago, A.S. (2019). 'Algorithms and authenticity.' *Academy of Management Discoveries*, 5, 38-56.

139 Reynolds, S.J. (2006). 'Moral awareness and ethical predispositions: Investigating the role of individual differences in the recognition of moral issues.' *Journal of Applied Psychology*, 91(1), 233-243.

140 Treviño, L.K., Weaver, G.R., & Reynolds, S.J. (2006). 'Behavioral ethics in organizations: A review.' *Journal of Management*, 32(6), 991-1022.

141 Rest, J.R. (1986). 'Moral development: Advances in research and theory.' Praeger: New York.

142 Brown, M.E., Treviño, L.K, & Harrison, D.A. (2005). 'Ethical leadership: A social learning perspective for construct development and testing.' *Organizational Behavior and Human Decision Processes*, 97(2), 117-134.

143 Davenport, (2019). 'What does an AI ethicist do?' June 24. Retrieved from: https://sloanreview.mit.edu/article/what-does-an-ai-ethicist-do/

144 Fisher, B. (2019). 'Top 5 hires companies need to succeed in 2019.' https://info.kpmg.us/news-perspectives/technology-innovation/top-5-ai-hires-companies-need-to-succeed-in-2019.html

145 Werber, C. (2019). 'The fve most important new jobs in AI, according to KPMG.' January 8. Retrieved from: https://qz.com/work/1517594/the-fve-most-important-new-ai-jobs-according-to-kpmg/

第七章

146 Parry, K., & Cohen, M. (2016). 'Rise of the machines: A critical consideration of automated leadership decision making in organizations.' *Group and Organization Management*, 41(5), 571-594.

147 von Krogh, G. (2018). 'Artifcial intelligence in organizations: New opportunities for phenomenon-based theorizing.' *Academy of Management Discoveries*, 4(4), 404-409.

148 Diab, D.L., Pui, S.-H., Yankelevich, M., & Highhouse, S. (2011). 'Lay perceptions of selection decision aids in US and Non-US samples.' *International Journal of Selection and Assessment*, 19(2), 209-216.

149 Promberger, M. & Baron, J. (2006). 'Do patients trust computers?' *Journal of Behavioral Decision Making*, 19(5), 455-468.

150 Dietvorst, B. J., Simmons, J. P., & Massey, C. (2015). 'Algorithm aversion: People erroneously avoid algorithms after seeing them err.' *Journal of Experimental Psychology: General*, 144(1), 114-126.

151 Ariely, D. (2009). 'Predictably irrational: The hidden forces that shape our decisions.' HarperCollins.

152 Shafer, V.A., Probst, A., Merkle, E.C., Arkes, H.R., & Medow, M.A. (2013). 'Why do patients derogate physicians who use a computer-based diagnostic support system?' *Medical Decision Making*, 33(1), 108-118.

153 Gray, H.M., Gray, K., & Wegner, D.M. (2007). 'Dimensions of mind perception.' *Science*, 315(5812), 619.

154 White, R. W. (1959). 'Motivation reconsidered: The concept of competence.' *Psychological Review*, 66(5), 297-333.

155 Bobadilla-Suarez, S., Sunstein, C.R., & Sharot, T. (2017). 'The intrinsic value of choice: The propensity to under-delegate in the face of potential gains and losses.' *Journal of Risk and Uncertainty*, 54, 187-202.

156 De Cremer, D., McGuire, J., Mai, M.K., & Van Hiel, A. (2019). 'Sacrificing to stop autonomous AI.' Working paper NUS Business School.

157 Tyler, T.R. (1997). 'The psychology of legitimacy: A relational perspective on voluntary deference to authorities.' *Personality and Social Psychology Review*, 1(4), 323-345.

158 Berinato, S. (2019). 'Data science and the art of persuasion.' *Harvard Business Review*. Retrieved from: https://hbr.org/2019/01/data-science-and-the-art-of-persuasion

159 Castelvechi, D. (2016). 'The black box of AI.' *Nature*, 538, 20-23.

160 MIT Sloan Management Review and Deloitte (2018). 'Coming of age digitally: Learning, leadership and legacy.' Retrieved from: https://sloanreview.mit.edu/projects/coming-of-age-digitally/?utm_medium=pr&utm_source=release&utm_campaign=dlrpt2018

161 De Cremer, D. & Mancel, P. (2018). 'Leadership is about making others smarter to better serve customers.' *Te European Financial Review*, October-November, 57-60.

162 Madhavan, P., & Wiegmann, D.A. (2007). 'Similarities and differences between human-human and human-automation trust: An integrative review.' *Teoretical Issues in Ergonomics Science*, 8(4), 277-301.

163 Shaw, J.C., Wild, E., & Colquitt, J.A. (2003). 'To justify or excuse: A meta-analytic review of the effects of explanations.' *Journal of Applied Psychology*, 88(3), 444-458.

164 Holtz, B. C., & Harold, C. M. (2008). 'When your boss says no! The efects of leadership style and trust on employee reactions to managerial explanations.' *Journal of Occupational and Organizational Psychology*, 81, 777-802.

165 Bies, R. J., Shapiro, D. L., & Cummings, L. L. (1988). 'Casual accounts and managing organizational conflict: Is it enough to say it's not my fault?' *Communication Research*, 15, 381-399.

166 Mansour-Cole, D. M., & Scott, S. G. (1998). 'Hearing it through the grapevine: The influence of source, leader-relations, and legitimacy on survivors' fairness perceptions.' *Personnel Psychology*, 51, 25-54.

167 Bobocel, D. R., & Zdaniuk, A. (2005). 'How can explanations be used to foster organizational justice?' In J. Greenberg & J. A. Colquitt (Eds.), *Handbook of Organizational Justice*. Mahwah, NJ: Lawrence Erlbaum.

168 Dewhurst, M., & Willmott, P. (2014). 'Manager and machine: The new leadership equation.' *McKinsey Quarterly*, 1-8.

169 House, R.J. (1996). 'Path-goal theory of leadership: Lessons, legacy, and a reformulated theory.' *Te Leadership Quarterly*, 7(3), 323-352.

第八章

170 Bersin, J. (2016). 'New research shows why focus on teams, not just leaders, is key to business performance.' *Forbes*, March 3. retrieved: https:// www. forbes.com/sites/joshbersin/2016/03/03/why-a-focus-on-teams-not- just-leaders-is-the-secret-to-business-performance/#26ead3bb24d5

171 Owana, N. (2018). 'Hyundi exoskeleton aims to cut workers' strains, will be tested in factories.' Retrieved from: https://techxplore.com/ news/2018-10-hyundai-exoskeleton-aims-workers-strains.html

172 Wang, D., Khosla, A., Gargeya, R., Irshad, H., & Beck, A.H. (2016). 'Deep learning for identifying metastatic breast cancer.' Copy at http://j. mp/2o6FejM

173 De Cremer, D. (2019). 'On the symphony of AI and humans in the work context.' *Te World Financial Review*, September-October, 61-64.

174 Venema, L. (2018). 'Algorithm talk to me.' *Nature Human Behavior*, 2(3), 173-173.

175 Captain, S. (2017). 'Can IBM's Watson Do It All?' *Fast Company*. October 10. Retrieved from: https://www.fastcompany.com/3065339/can-ibms-watson-do-it-all

176 Hinsz, V.B., Tindale, R.S., & Vollrath, D.A. (1997). 'The emerging conceptualization of groups as information processors.' *Psychological Bulletin*, 121(1), 43-64.

177 Dewhurst, M., & Willmott, P. (2014). 'Manager and machine: The new leadership equation.' *McKinsey Quarterly*, 1-8.

178 Hofman, M., Kahn, L.B., & Li, D. (2017). 'Discretion in hiring.' NBER Working Paper No. 21709. https://www.nber.org/papers/ w21709?sy=709

第九章

179 Davenport, T.H., & Bean, R. (2018). 'Big Companies Are Embracing Analytics, But Most Still Don't Have a Data-Driven Culture.' *Harvard Business Review*. February 15. Retrieved from: https://hbr.org/2018/02/big-companies-are-embracing-analytics-but-most-still-dont-have-a-data-driven-culture

180 Bass, B.M. (1985). 'Leadership and Performance Beyond Expectations.' Free Press, New York.

181 Conger, J.A., & Kanungo, R.N. (1987). 'Toward a behavioral theory of charismatic leadership in organizational settings.' *Academy of Management Journal*, 12, 637-647.

182 Berson, Y., & Avolio, B.J. (2004). 'Transformational leadership and the dissemination of organizational goals: A case study of a telecommunication frm.' *Te Leadership Quarterly*, 15(5), 625-646.

183 Awamleh, R., & Gardner, W. L. (1999). 'Perceptions of leader charisma and efectiveness: The effects of vision content, delivery, and organizational performance.' *Te Leadership Quarterly*, 10, 345-373.

184 Brown, M. E., Treviño, L. K., & Harrison, D. A. (2005). 'Ethical leadership: A social learning perspective for construct development and testing.' *Organizational Behavior and Human Decision Processes*, 97, 117-134.

185 Treviño & Nelson, K.A. (2003). 'Managing business ethics.' Wiley.

186 Ariely, D. (2009). 'Predictably irrational: The hidden forces that shape our decisions.' HarperCollins.

187 Howell, J.M., & Shamir, B. (2005). 'The role of followers in the charismatic leadership process: Relationships and their consequences.' *Academy of Management Review*, 30, 96-112.

188 Stefens, N.K., & Haslam, S.A. (2013). 'Power through "Us":
Leaders' use of we-referencing language predicts election victory.'
PLos ONE, 8(10), 1-6.

189 Mayer, R. C., Davis, J. H., & Schoorman, F. D. (1995). 'An integrative
model of organizational trust.' *Academy of Management Review*, 20(3),
709-734.

190 Rousseau, D. M., Sitkin, S. B., Burt, R. S., & Camerer, C. (1998).
'Not so diferent after all: A cross-discipline view of trust.' *Academy of
Management Review*, 23, 393-404.

191 Colquitt, J. A., Scott, B. A., & LePine, J. A. (2007). 'Trust,
trustworthiness, and trust propensity: A meta-analytic test of their unique
relationships with risk taking and job performance.' *Journal of Applied
Psychology*, 92, 909-927.

192 De Cremer, D., & Tyler, T. R. (2007). 'The effects of trust in authority
and procedural fairness on cooperation.' *Journal of Applied Psychology*,
92, 639-649.

193 Pillutla, M. M., Malhotra D., & Murnighan, J. K. (2003). 'Attributions
of trust and the calculus of reciprocity.' *Journal of Experimental Social
Psychology*, 39(5), 448-455.

194 Mayer, R. C., Davis, J. H., & Schoorman, F. D. (1995). 'An integrative
model of organizational trust.' *Academy of Management Review*, 20(3),
709-734.

195 van Knippenberg, D.van Ginkel, W.P. & Homan, A.C. 2013. 'Diversity
mindsets and the performance of diverse teams.' *Organizational Behavior
and Human Decision Processes*, 121(2), 183-193.

196 Boyatzis, R.E., Passarelli, A.M, Koenig, K., Lowe, M., Mathew, B.,
Stoller, J.K., & Phillips, M. (2012). 'Examination of the neural substrates
activated in memories of experiences with resonant and dissonant

leaders.' *Te Leadership Quarterly*, 23(2), 259-272.

197 Qiu, T., Qualls, W., Bohlmann, J., & Rupp, D.E. (2009). 'The effect of interactional fairness on the performance of cross-functional product development teams: A multi-level mediated model.' *Te Journal of Product Innovation Management*, 26(2), 173-187.

198 McKinsey (2018). 'Skill shift: Automation and the future of the workforce.' Retrieved from: https://www.mckinsey.com/~/media/McKinsey/Featured%20Insights/Future%20of%20Organizations/Skill%20shift%20Automation%20and%20the%20future%20of%20the%20workforce/MGI-Skill-Shift-Automation-and-future-of-the-workforce-May-2018.ashx

199 Ou, A.Y., Waldman, D.A., & Peterson, S.J. (2006). 'Do humble CEO's matter? An examination of CEO humility and firm outcomes.' *Journal of Management*, 44(3), 1147-1173.

200 Vera, D., & Rodriguez-Lopez, A. (2004). 'Humility as a source of competitive advantage.' *Organizational Dynamics*, 33(4), 393-408.

201 Owens, B.P., Johnson, M.D., & Mitchell, T.R. (2013). 'Expressed humility in organizations: Implications of performance, teams and leadership.' *Organization Science*, 24(5), 1517-1538.

202 McKinsey (September 2019). 'Catch them if you can: How leaders in data and analytics have pulled ahead.' Retrieved from: https://www. mckinsey.com/business-functions/mckinsey-analytics/our-insights/catch- them-if-you-can-how-leaders-in-data-and-analytics-have-pulled-ahead

第十章

203 Friedman, M. (1970). 'The social responsibility of business is to increase its profits.' *Te New York Times Magazine*, September 13.

204 De Cremer, D. (2018). 'Why Mark Zuckerberg's Leadership Failure was a Predictable Surprise.' *Te European Business Review*, May-June, 7-10.

205 Darwin, C. (2006). *On the Origin of Species*. Dover Publications Inc.

206 PwC (2018). 'PwC data uncovers disconnect between C-suite perception and employee experience with workplace technology.' Retrieved from: https://www.pwc.com/us/en/press-releases/2018/c-suite-perception-employee-experience-disconnect.html

207 Accenture (2018). 'The big disconnect: AI, leaders and the workforce.' Retrieved from: https://www.accenture.com/us-en/insights/future-workforce/big-disconnect-ai-leaders-workforce and Accenture report (2018). Realizing the full value of AI. Retrieved from: https://www.accenture.com/_acnmedia/ pdf-77/accenture-workforce-banking-survey-report

208 Microsoft (2019). Microsoft – IDC Study: Artificial Intelligence to nearly double the rate of innovation in Asia Pacific by 2021. https://news.microsoft.com/apac/2019/02/20/microsoft-idc-study- artificial-intelligence-to-nearly-double-the-rate-of-innovation-in-asia- pacifc-by-2021/

209 Boston Consulting Group (2019). 'The death and life of management.' Retrieved from: https://www.bcg.com/d/press/18september2019-life-and-death-of-management-229539

210 Maack, M.M. (2019). 'Youtube recommendations are toxic, says dev who worked on the algorithm.' Retrieved from: https://thenextweb.com/google/2019/06/14/youtube-recommendations-toxic-algorithm-google-ai/

211 Mitchell, M. (2019). 'Artificial Intelligence: A guide for thinking humans.' Farrar, Straus and Giroux.

212 Davies, B. Diemand-Yauman, C., & van Dam, N. (2019). 'Competitive advantage with a human dimension: From lifelong learning to lifelong employability.' *McKinsey Quarterly*, February 2019. Retrieved from:

https://www.mckinsey.com/featured-insights/future-of- work/competitive-advantage-with-a-human-dimension-from-lifelong- learning-to-lifelong-employability

213 *Te Wall Street Journal* (2019). 'Amazon to retrain a third of its U.S. Workforce.' Retrieved from: https://www.wsj.com/articles/amazon-to-retrain-a-third-of-its-u-s-workforce-11562841120

214 Microsoft. AI Business School. Retrieved from: https://www. microsoft. com/en-us/ai/ai-business-school

215 Wiener, N. (1960). 'Some moral and technical consequences of automation.' *Science*, 131(3410), 1355-1358.

216 Vasquez, Z. (2018). 'The truth about killer robots: The year's most terrifying documentary.' Retrieved from: https://www.theguardian.com/flm/2018/nov/26/the-truth-about-killer-robots-the-years-most-terrifying-documentary

217 *Te Economist* (2019). 'There are no killer robots yet – but regulators must respond to AI in 2019.' Retrieved from: https://www.economist.com/ the-world-in/2018/12/17/there-are-no-killer-robots-yet-but-regulators- must-respond-to-ai-in-2019

218 Smith, B. (2018). 'Facial recognition: It's time for action.' Retrieved from: https://blogs.microsoft.com/on-the-issues/2018/12/06/ facial-recognition-its-time-for-action/

　　人类渴望通过技术创新实现社会发展，但我们必须小心对待，不能因此失去人类定义自我的特征：身份认同。如果走到这一步，我们只能责怪自己，原因很简单。

　　我们逐渐形成了提高效率是造福大众的最佳方式这样一种观念，因此在这个过程中，我们冒着不得不服从机器的风险，用评价机器的标准来评估自己。依此发展下去，未来人类将加入机器，并最终成为机器（或者，至少那些符合标准的人会成为机器），人性则将被排除在外。这种观点符合实际吗？与人类参与的世界相比，人们在由机器驱动的世界里会更幸福吗？

　　如果以科幻小说构建的世界作为参考，那么很可能就是这样。以2009年詹姆斯·卡梅隆（James Cameron）执导的电影《阿凡达》（*Avatar*）为例。电影中，人类可以生活在一个虚拟世界中，但仍然有情感和身体的体验，人类的意识可以借用一个化身进入这个虚拟世界，并成为其中的一部分。这类电影有个有趣的共同点，影片中的人很快就适应并享受另一种生活，并且认为这是值得的。这是因为，一且大脑中的奖励中枢被激活，我们就想要更多的奖励，最后沉溺其中。因此，我们想要更多的机器。

以2018年的电影《头号玩家》（*Ready Player One*）为例。它描绘了2045年的社会，人们可以在一个名为"绿洲"（Oasis）的虚拟世界中成为任何人。在那里，人们可以活在自己的幻想中，只要他们能意识到虚拟世界与自己实际生活的人类世界不同，这似乎不成问题。然而，主角韦德·沃兹［由泰伊·谢里丹（Tye Sheridan）饰演］却未能做到这一点，因为他爱上了虚拟人物阿尔忒密斯［由奥利维亚·库克（Olivia Cooke）饰演］。由于韦德无法区分这两个世界，而且更喜欢虚拟世界而不是真实世界，他逐渐沉迷在"绿洲"中。

诚然，这些电影都是虚构，可以认为其中的情节不切实际，与我们今天面临的技术挑战毫不相干。但这些电影的确为我们提供了宝贵的建议，因为它描绘了一个人类不惜一切代价想要进步的愿望：人类多么渴望屈服于一个技术体系，让它剥夺我们作为人的身份。

此外，在虚拟世界中生活，可能也不再是遥不可及的幻想。例如，由埃隆·马斯克（Elon Musk）创立的公司Neuralink目前正在开发一种将人与人工智能整合在一起的脑机接口。表面上看，这没什么问题——只要人工智能的目的是提升人的能力，那么主导现实的还是人。然而，我想在这里强调的是，人类在持续改进新技术的过程中，需要有一个强大的道德罗盘。如果没有道德意识，不清楚该如何使用算法，以及使用算法的目的是什么，我们可能会被不受限制的技术发展机会蒙蔽双眼。因此，我们可能会失去塑造和定义社会与企业的独特的人类特征。这样一来，往好了想，人类会追随机器；但更糟糕的是，我们作为一个物种可能会遭到灭绝。

在接受算法在工作上的潜力，并利用它为人类服务之前，我们需要一定的指导。这要求领导者要理解、感受和认可人类的体验，将其视为机遇，而不是限制。综上所述，我们得出一个结论：未来可能依然由人担任领导者。